数字化供应链

|数智社会的数字化供应链构建|

陈飚 ○ 著

图书在版编目（CIP）数据

数字化供应链 / 陈飚著. -- 北京：当代中国出版社，2024. 6. -- ISBN 978-7-5154-1403-4

Ⅰ. F252.1

中国国家版本馆CIP数据核字第2024J8N531号

出 版 人	王　茵
责任编辑	陈　莎　周显亮
策划支持	华夏智库·张　杰
责任校对	贾云华　康　莹
出版统筹	周海霞
封面设计	回归线视觉传达
出版发行	当代中国出版社
地　　址	北京市地安门西大街旌勇里8号
网　　址	http://www.ddzg.net
邮政编码	100009
编 辑 部	（010）66572180
市 场 部	（010）66572281　66572157
印　　刷	香河县宏润印刷有限公司
开　　本	710毫米×1000毫米　1/16
印　　张	14印张　159千字
版　　次	2024年6月第1版
印　　次	2024年6月第1次印刷
定　　价	78.00元

版权所有，翻版必究；如有印装质量问题，请拨打（010）66572159联系出版部调换。

序

如今，商业模式的可视化和日常管理的可视化，可让企业各级管理者全程把控企业的管理行为，在短时间内做出管理调整，增强企业的弹性和灵活性，找到相对稳定的盈利模式。

复杂的供应链体系是企业总体经营图像的一部分，生产和营销合一的企业要想掌控复杂的供应链，就要建立统一的数据平台，整合和管理供应链中各环节的数据，实现供应链数据的实时收集、存储和共享，提高供应链的全面可视化水平。

企业的数字化需要一个起点，而供应链往往是企业中最先进行数字化管理的领域。在数字管理模式中，数字化系统和经营团队同样重要，团队需要武器打仗，而数字化系统就是解决武器装备和人员的问题。

在数字化网络中，企业60%—70%的增值活动是和供应商一起完成的，因此，出色的供应商赋能管理，是数字化供应链管理的核心，也决定了供应链的绩效。数字化供应链秉持着数字规律，内含一些指数式增长的互联网元素，这是企业在供应链创新领域的机会。

供应链是产品流、信息流和资金流的三流集成，特别是以需求驱动的供应链系统，可以对整个企业的管理产生根本性的影响。供应链管理的价值在于其系统有扩展成为流程式组织的潜力与动力。

供应链的根本是协作,在供应链中,企业与供应商、物流服务商等合作伙伴建立起紧密的关系,并进行有效的协调和沟通。因此,企业要积极建立供应链协同平台,实现信息共享、协同决策和风险管理。

数字化时代,企业的经营哲学已经发生根本性的变革,技术和代码正在成为经营的一部分,软件化的流程正在逐步吞噬企业的物质系统,每一个供应链工作者都在变成数据生产者。具体如何做呢?

利用大数据技术对供应链数据进行深入分析,提取出有价值的趋势,并基于这些分析结果进行需求预测、库存优化、生产计划等决策,从而提高供应链的效率和弹性。

在数字化组织下,供应链需要持续改进和优化,从而更好地监测和评估供应链绩效指标,发现问题并及时进行调整和改进,以适应市场变化和业务需求。

生产和营销合一的企业要想掌控复杂的数字化供应链体系,就要依靠统一的数据平台、自动化与智能化技术、合作伙伴关系管理、数据分析和预测能力、灵活的供应链设计、持续的改进和优化,以及人才培养与跨部门协作等方面的策略和实践,来提高供应链的可见性、高效性和灵活性,从而更好地满足市场需求和业务目标。

前 言

企业三大增值职能：营销、研发与供应链

供应链管理是企业组织管理的重要部分，描述供应链的时候，不仅要看到和供应链所有关联的系统，还要认知企业管理的整体性。

在构建数字化组织之前，企业的营销、研发和供应链三个增值职能是互相独立的，但在数字化的供应链组织中，三者则是合一的。这表明，数字化供应链是企业全局资源的整合者。

企业相当于一个凳子，这三个核心职能则相当于凳子的三条腿。我们知道，很多企业都不希望供应链这条腿跟研发和营销一样长，但供应链这条腿太短，企业这个凳子就无法保持平稳，具体表现为：企业产品不错，价格也合适，但不赚钱；账面上确实赚了钱，但都赚到库存里了——供应链能力不足，无法有效地把成本降下来，将速度提上去，把库存控制住，这样供应链就会成为企业的短板。

过去，我们可以用时间来填平供需之间的沟壑，比如"库存多，慢慢卖吧""库存不够，让消费者等着吧""没事的，反正需求总是有的，随着时间的推移，问题总是能够解决的"……但是今天，产品切换的频率极高，营销变化的节奏极快，如果供应链的响应速度不快，弹性不大，依然像过去那样选择被动"躺平"，那么等待企业的就只有灭亡。

那如何才能让供应链的响应快起来呢？唯一的途径就是数字化，需要在产品、营销和供应链之间构建互通互联的数字化能力。具体做法如下：

一是产品生命周期管理的数字化。每个产品都有自己的生命周期，从研发、上市、成长、成熟、衰减到退出，每个阶段的营销和供应链都应有与之相匹配的策略和规则。例如，某个成长期的产品，销量稳步上升，营销的方向是提高用户接触率，扩大用户规模；供应链的方向是以量换价，提高效率，降低成本，会采用比较激进的备货策略。但对于衰退期的产品，具体做法则有可能完全相反。过去，产品的生命周期可能是数年甚至数十年，而今天，多数产品的生命周期可能只有短短的一年，有的甚至只有数周或数天。现在，为了应对激烈的市场竞争，企业都会有成百上千款产品分布于生命周期的不同阶段，无论从协同的复杂度还是从协同的及时性来看，要做到产品的全生命周期管理，只有依靠数字化系统，否则根本无法做到。

二是营销和用户管理的数字化。数字化时代，营销的数字化是最先被实现的。今天只要提到营销，很多人都会想到很多有关数字化的词汇，如流量分配、用户标签、行为轨迹等。而在纷繁复杂的市场营销环境中，只有实现用户管理的数字化，才能彻底搞清楚市场营销背后的商业逻辑，把握背后的商业机会，从而获得盈利，在竞争中胜出。

三是供应链管理的数字化。供应链响应速度的快慢和弹性的大小，不仅取决于供应链的特性，如链条的长度、供应的周期、链主的地位等，更取决于供应链、产品及营销市场的协同深度。例如，如果前台想搞一场全国性的大活动，临近三天才告知供应链部门活动的具体策略和方向，而活动所需的商品备货期至少三个月，如此即使神仙来了也无法配合。

再比如，如果产品部门计划将某款老产品退市，用新产品替代，供应链部门却毫不知情，还在大规模进货老产品的专用部件，那么后果也可想而知。

过去我们还能通过传统的机制，拿着 Excel 报表来逐个协调这些问题，但在今天，当产品 SKU（Stock Keeping Unit 的简称，即最小存货量）的数量几何倍增加、营销的节奏高频率调整时，产品、营销和供应链之间的关系就演变成了一张动态的复杂网格，上面有着数不清的变量，每个关键变量的调整都可能对网格造成影响。这时，只有架构好产品、营销和供应链的数字化体系，并厘清和定义好其中的关系，通过数字化的流程和方法进行管理，才有可能实现高效协同。

最后，感谢周颖老师为本书提供的插图，让本书内容变得更加丰富，可读性更强。

目录

第一部分 数字化供应链的现实和未来

第一章 数字化供应链和业务战略的共轭 / 2

一、以客户为中心的供应链管理 / 2

二、供应链管理基于对客户需求的洞察 / 8

三、不完美实践与快速修正的组织能力 / 11

四、以客户需求为共同目标的异质供应链管理 / 13

五、数字化供应链需要跨部门的协作和沟通 / 15

六、时间机器：全局观和全链数字化 / 19

七、打造数字化组织，构筑商业战场的强大后勤 / 22

第二章 数字化组织的底层逻辑 / 25

一、数据融合和软件驱动的企业创新 / 25

二、生物思维，从整体出发的连贯性 / 28

三、做一个整体分布式网络动态组织 / 31

四、全员一朵"云"，构建数字化运营底盘 / 34

五、通过容错性过程控制重要结果 / 39

六、数字化供应链对企业的赋能方式 / 40

第三章　数字化供应链探索性变革 / 42

一、产品流、资金流和信息流统合供应链管理变革 / 42

二、敏捷性、速度和弹性 / 46

三、认证供应商，全员都是数据生产者 / 52

四、数字孪生、算法驱动和柔性供应链 / 54

五、内外集成，优化供应链的设计和运营 / 58

六、从精益管理到实时数据供应链管理 / 62

第二部分　化解数字化供应链难题

第四章　浪涌式需求对供应链计划的挑战 / 68

一、制造业刚性和复杂供应链的计划难题 / 68

二、制造业企业的供应链管理和物料管理 / 71

三、数字化供应链的风险预测和控制能力 / 76

四、通用产品链、选配链和定制链 / 80

五、模块式设计产品战略应对需求潮涌 / 85

六、常规效率和复杂需求响应能力的矛盾挑战 / 88

七、交付和库存到底如何平衡 / 92

第五章　数字化供应商管理和价值增值活动 / 95

一、供应链决策中台推动供应商数字化 / 95

二、外部资源管理，全供应链数字化供应商响应能力 / 100

三、数字化供应链如何抓好全链质量关 / 104

四、供应链竞争力体现在供应商组合能力上 / 108

五、云仓储选址和向链主的地理集中模式 / 113

六、供应链的职业反腐和价值管控流程 / 117

第六章　高效数字化供应链实现同盟激励和庇护 / 120

一、复杂供应链系统需要集成式管理 / 120

二、赋能式供应链构建逻辑 / 126

三、供应链金融的运作密码 / 129

四、供应链生产外包和模块化管理 / 132

五、供应链联盟，系统级别的供应链战略伙伴 / 138

六、数字生态共同体 / 142

第七章　构建数字化供应链的数字能力 / 146

一、新兴技术应用能力 / 146

二、企业架构能力 / 150

三、数据分析能力 / 153

四、数据安全能力 / 158

第三部分　精细对标式数字化供应链案例分析

第八章　企业的战略后勤和供应链都是个性化模式 / 164

一、合适的产品配合适的供应链 / 164

二、从工厂到用户的直营模式对于供应链的挑战 / 167

三、参数管控，供应商部件认证制度的由来和实施 / 171

四、供应商交期管理制度的实施 / 174

五、为创新变革开发新供应链 / 180

第九章 中国供应链全球整合实践分析 / 183

一、财务收益和供应链的 KPI 考核 / 183

二、供应链研产销的价值贯通 / 186

三、快时尚领域的供应链管理 / 190

四、科技公司的供应链整合是核心流程 / 193

五、链主和枢纽节点的全球化网状供应链模式 / 196

六、复杂供应链系统如何实现简单解决方案 / 200

后记 信息流加速100倍之后的组织重构和供应链重构 / 203

第一部分
数字化供应链的现实和未来

第一章　数字化供应链和业务战略的共轭

一、以客户为中心的供应链管理

世界顶级的会计专业服务机构之一毕马威认为，以客户为中心的供应链由可视性、有洞察力的数据和对客户的共同承诺驱动。

案例　汉高供应链的变革成功之道

汉高成立于1876年，如今拥有约52000名国际员工，在全球近500个行业中扮演着重要角色。其中，汉高的黏合剂技术业务部门是黏合剂、密封剂和功能性涂料市场的全球领导者。不过，随着市场环境的变化和人们消费观念的升级，汉高意识到要想更好地满足消费者的需求，就要进行供应链的转变。

传统上，多数供应链都专注于改善成本、库存和营运资本等内部数据指标，汉高却认为供应链也可以改善客户与企业自身的互动方式。虽然汉高已经认识到供应链的复杂性和波动性趋势正在增加，数字化不可避免，但其始终坚信数字化应该有一个明确的战略和重点，即改善客户体验。因此，几年前，汉高就走上了变革之旅，包括将业务转变为以客户为中心的供应链以及将客户体验作为竞争优势。

汉高的哲学是，数字化能力应该克服纯粹的功能主义供应链观。我们知道，传统的供应链被当作将原材料转化为成品的线性事件链，客户仅处于链的末端，但数字化供应链则可以实现对客户的360度观察，将客户置于与他们互动的所有功能的中心。

（1）变革的系统化推进。为了跟对手有所区别，汉高逐渐优化客户在整个供应链的互动过程（如订单、物流和规划）中的独特体验。当然，启动这一转型需要先考虑两个关键问题：如何实现转型？如何让企业的每个人都参与进来并接受这一使命？

为了实现这个目标，汉高先将其转化为一个强大的使命，然后努力实现。在这个过程中，需要想清楚几个问题，包括企业如何运营和服务客户，需要调整的流程，需要接受的新技术，如何改变心态，如何设置新的衡量标准来衡量对客户来说真正重要的东西。

汉高意识到，要想将供应链运营转变为真正的价值和竞争优势，需要与每个客户进行沟通并了解他们，于是便启动了一系列转型项目，通过数字研讨会和价值流映射，了解团队对客户体验的感知；通过选择其代表性的客户，确定转型项目，明确客户看重的创新、质量以及供应链速度和可靠性。

然而，要将这一计划付诸实施，需要将这个计划传达给整个组织成员。为了做到这一点，汉高为同事们提供了一个未来变革的框架，逐步添加层次，而不是一次性公布大量信息。此外，还开发了基础知识，包括收集必要的数据来创建新的界面和改进效率层，改善客户体验；采用有针对性的新技术进行由内而外的转型。

汉高以客户为中心推进供应链变革，不仅提高了客户体验，也提高了企业的竞争力和市场地位。如今，以客户为中心的供应链变革已经成为汉高业务发展的重要方向，将继续推动其在行业中的领先地位。

（2）汉高供应链变革的示例。2022年年中，汉高完成了供应链变革的初始阶段，为转型做好了准备，这里有几个例子：

①建立"以客户为中心"的运营模式。汉高将整个运营模式转向以客户为中心，包括对整个客户服务运营进行转型。他们在各国都设立了客户体验中心和共享服务中心，确保客户得到最佳体验。职位描述也侧重于以客户为中心的要素，并培养员工实现这一目标，不仅传授给员工"以客户为中心"的概念，还进行具体的培训，给员工提供工具和资源，让他们全面了解满足客户体验的要求。此外，汉高还建立了一个新平台，用于分享客户对话和经验，包括挑战和解决方案。该支持和学习系统，可以帮助汉高完善和扩展企业发展路线图，维护其以客户为中心的组织和运营模式。

②以竞争优势为导向。汉高通过对客户触点数据的研究，认识到了三个关键事实：一是客户知道他们什么时候想要什么（最初请求的日期），二是客户知道别人告诉他们什么（沟通日期），三是客户知道物品何时到达（实际交货日期）。

为了改善客户体验，汉高将客户要求的交货日期与最可靠的交货日期匹配，确保承诺和实际交付的一致性。

③发展差异化体验。汉高的发货、拿样和投诉等流程的体验都不同，其将这些作为基础纳入企业的核心文化中。汉高的流程优化不是从内部进行的，而是从客户体验的角度进行的。在发货体验方面，汉

高提供了订单所在地的可见性，并在全球范围内投资以及推出跟踪和追踪选项。在投诉体验方面，汉高强调关闭投诉速度，引入了一个新的具备标准通信的检查点流程，确保投诉得到妥善处理。

如果"以客户为中心"不在企业使命中，那么就不要直接去追求，汉高让我们看到了企业要想成功转型需要提前做的准备，如有强大的企业资源作为支撑，得到高层的支持；与客户交谈，并了解他们。

如今的客户比以往任何时候所获得的资讯都多，因此对企业的各方面要求也更高；80%的首席执行官相信，他们的竞争主要基于客户体验。研究表明，企业以客户为中心，盈利能力会比竞争对手高出一截。当然，企业不仅要跟上快速变化的客户需求，还需要创造一个能够响应需求的环境，并努力提供卓越的体验。因为品牌承诺越来越多地涉及定制生产、快速创新、易于订购的包装，以及快速交货和退货等供应链环节，每个环节都会影响客户的感知度与忠诚度。

1. 供应链管理必须满足客户期望

（1）定制和快速上市。如今，集中在低成本地区大规模生产产品的传统模式已经过时，客户开始青睐于高度定制的产品，这样的产品通常是小批量的，且能在几天内甚至几小时内交付。而为了满足这一需求，供应链就必须发生转变，比如，通过微供应链向"在你生产的地方购买"和"在你销售的地方生产"的方向发展，例如使用3D打印等新技术提供手工模板。

（2）细分群体需求。如今，供应链开始围绕较小客户群体的需求进行重组，并变得越来越灵活。随着固定资产投入的减少和各阶段使用外包方的增多，企业可以快速试验新产品，并有效扩大生产规模。利用销售数据产生客户洞察，产品就能在很短的时间内发布、更改或停止，并处于持续发展状态。另外，机器学习和自动化也已变得更加成熟，因此也满足了对细分群体的需求进行进一步预测和计划的能力。故而随着消费者需求的愈发强烈，服务于细分市场的能力将成为一种必要。

（3）加速创新。创新是仅次于可视化的最大投资驱动，随着这一趋势的持续发展，技术创新将连接到供应链的每个环节，无论是无人化交付、预测客户行为、需求的大数据分析，还是物联网传感器测量产品性能并确定维护需求，或实时将客户反馈集成到产品开发的过程，都会实现技术的创新。

（4）信任与真实。客户一般都期望从值得信赖的企业那里获得真实的体验，而一旦这种信任被打破，就很难恢复，同时，社交媒体的连锁反应会进一步放大这种损害。为了减少这种状况的发生，供应链的每一个要素都需要被充分纳入建立和维护客户信任的过程中，比如：提供标准的客户服务、准时交货、可持续的采购和包装、快速退货与退款、高质量的产品、安全的支付平台，以及保护数据隐私等。同时，供应链中涉及广泛的内外部各方，因此管理者还要对每一项活动进行监控，确保真实且一致的客户体验。此外，企业还要不断地完善其在供应链各环节对数据的捕获和分析。

（5）渠道的一致性。客户一般都希望以适合的方式、在方便的时间实施有关商品的沟通和购买行为，希望随时访问商品信息、购买商品、选择交付或退货，从而获得无缝体验。同时，他们也希望从各种渠道受益，并确保与品牌的接触能够在所有渠道上同步。而第三方或合作伙伴的加入增加了客户对这些期望的复杂性,故而确保第三方或合作伙伴都代表品牌并理解客户承诺进而满足客户期望就变得至关重要,采取的具体措施为着重在细分市场制定正确的供应链渠道策略。

2. 企业如何做好以客户为中心的供应链管理

高绩效企业一般都知道与客户紧密联系的必要性,知道他们的前/中/后台都会影响客户体验。为了快速交付高度定制的产品,让客户与企业的每一次互动都充满乐趣,就要协调企业的不同部门,包括合作伙伴,而由不同合作伙伴组成的供应链是客户体验的最大贡献者,因此企业应进行以客户为中心的供应链管理。以客户为中心的供应链由可视性、有洞察力的数据和对客户的共同承诺驱动,不仅可以提高客户体验,平衡客户期望和企业盈利能力,还可以有效避免能力方面的投资不足或过度。

(1)模拟客户心声。企业要非常熟练地了解与模拟客户心声,利用先进的模拟分析技术,更好地预测客户需求,捕捉市场的快速变化,甚至在缺货或供应链受到干扰前自动预警。

(2)向服务导向型供应链转变。企业可以将其供应链能力(包括来自企业内部、第三方/合作伙伴与基于平台的服务)、技术推动力和合作伙伴关系作为一个服务组合进行组织和管理,确保它们可以根据市场需求变化灵活迅速地重新组合,并融洽地开展供应链工作。

(3)具有对复杂性成本和经济贡献的分析能力。供应链以客户为中心,不仅可以增加对产品、设计和供应商的多样性需求,还能增加对渠道、服务和客户的多样性需求,这样不仅会让运营变得越发复杂,还会带来更大的成本压力,因此企业必须在服务过度和服务不足之间取得平衡。

(4)管理新型合作伙伴网络。企业想让第三方/合作伙伴同样支持自己的客户，就不能仅把他们当作承包商，而是要更紧密地将他们团结起来，让他们完全认同企业"以客户为中心"的愿景，并进行相应的创新。此外，企业还要重新审视团队及其文化，确保第三方/合作伙伴拥有与企业相同的价值观。如果在供应链的每一次互动中都没有及时兑现客户承诺，那么客户会将其视为该品牌的不良延伸，并要求品牌承担相应责任。

为了满足客户的复杂需求，企业要管理由可信赖的合作伙伴组成的多样化供应链生态系统。这样，就对合作伙伴管理提出了一系列新的要求：一是具有灵活且动态的供应链架构，保障业务的顺畅开展；二是为建立稳健的关系管理机制流程提供资源，监督合作伙伴运营执行，管理供应链风险；三是注重品牌意识，了解合作伙伴对企业声誉的影响方式与程度；四是将业务指标和商业目标一体化，提高运营凝聚力，协助满足客户期望；五是提高端到端的可视化程度，让成员和合作伙伴了解服务如何影响供应链的具体方面。

（5）增强供应链的自主性。随着供应链复杂性的增加，依然像过去那样采用由人主动管的模式，是无法应对客户需求的，企业需要从反应型供应链向构建自主型供应链转变，因为随着时代的发展，越来越多的决策需要实现自动化，运营速度和响应能力也须极大地提高，使供应链构建和决策人员能够腾出更多时间来关注更复杂、影响力更大的问题。

二、供应链管理基于对客户需求的洞察

供应链是链式结构，只有整个链条一起协作，才能满足客户的需求，如果前端需求管理做不好，输入不准确，那么后端整个链条的工作都是无用功。

需求管理，就像大规模集团军作战寻找敌人：销售人员是侦察兵或先遣队，主要为后端大部队明确方向；后端的供应链是大部队，资源多，力量大，但行动起来慢。如果不知道"敌人"的具体位置，即不了解客户需求，后端大部队盲目大范围调动，那么就会造成一种浪费。所以，供应链管理的核心是供需匹配，而首先是需求管理，然后才是供应管理。

客户需求数据会驱动认知决策，而认知决策反过来又会影响整个供应链的结构。客户需求是企业供应链设计的分析引擎，洞察是数字化企业员工的基本职能，基于客户数据反馈带来的需求认知，就能对企业的供应链进行调节。

1. 如何进行客户与需求管理

客户与需求管理，主要涉及以下三个方面的内容：

（1）如何识别客户需求？要想准确识别客户需求，就要重视"看听算"，即（看）现地现物法、（听）面对面调研法、（算）模拟测算法。使用这些方法，得到信息和数据，再将客户的需求转译成供应链语言，然后对后续供应链各环节的操作进行指导。

（2）如何制订解决方案？要想制订一套性价比最优的解决方案，可以采用"全价值链TQC分析法"。该方法共有两个关键词：一是"全价值链"，二是"TQC分析（T：时间；Q：质量；C：成本）"。也就是说，将需要分析的维度最终生成一套解决方案分析矩阵，明确不同方案给价值链各环节、TQC各维度带来的收益或损失。

（3）如何持续地向客户提供标准化的运营服务？项目完成、解决方案落地后，不仅要将方案实施过程标准化，还要对员工进行培训，以确保方案长期运营的可行性。

2. 供应链管理要重视客户的四大需求

客户对于供应链的需求，主要体现在以下四个方面：

（1）减少补货前置期。无论是制造型企业，还是流通型企业，对补货前置期的压缩要求，都可以用"永无止境"来形容。因为补货直接关系着企业自身的库存水平与风险承担。从本质上来说，供应链管理其实就是库存的有效移动，包括时间、地点、质量、数量、对象、产品等指标的合适性，否则会导致供应链的波动，继而造成巨大的浪费。

（2）紧急交付。因为企业对库存的管理有严格的要求，因此供应链管理应谨慎对待终端需求的随机性，尤其对于紧急交付，应妥善处理，具体做法如表1-1所示。

表1-1 紧急交付情况的处理

方法	说明
规避	规避紧急交付就是管理需求，这是供应链管理者的首要责任，而非只关注自身的利益
减少	从减少紧急交付数量来看，最简单的应对方式就是用合同约束，增加库存
应对	应对紧急交货常见的手法是设分库，当然只是对少数VIP客户如此

（3）退货逆向物流服务。很多等待退货的客户都希望只要供应商送货货车上有空间，就把退货商品放上去运走，实际操作起来却并不现实，因为多数供应商都采用第三方物流，车辆受第三方物流指派，职能单一，只要单票送货任务完成，就会被派往下一个工作点，而非客户一厢情愿。

（4）实施供应商管理库存（VMI）。所谓VMI（Vendor Managed Inventory），是指以客户和供应商双方都付出最低成本为目的，在共同协议下由供应商管理库存，且过程双方不断监督协议执行情况和修正协议内容，不断地改进库存管理。这种策略打破了传统的各自为政的库存管理模式，体现了供应链的集成化管理思想，适应了市场变化的要求，是一种新的、有代表性的库存管理思想。

三、不完美实践与快速修正的组织能力

通常情况下，如期交货的完成率约70%，要想提高响应能力，就要从客户需求端进行协同，因为链式协同比节点约定更具修正能力，局部指令需要让位于链式协同和总体的市场预测。供应链管理，特别是制造业的供应链管控，即使做得再精细，也会发生意外。这种不完美的实践，对于数字化企业而言，一切都在迭代之中。

供应链的好坏决定了企业的整体健康状况，供应链的调整则需要根据市场的波动情况进行。一般来说，无论是需求减少，还是原材料短缺，市场偏差都不可预测，即使能预测，也要付出很高的成本。因此，为了跟上变化并保持财务健康，企业需要对供应链作出调整，根据需求、供应、库存等实时数据改变生产和运输等流程。

1. 什么是供应链敏捷性

所谓供应链敏捷性，是指企业供应链有效应对消费者需求波动、地缘政治危机、劳动力或原材料短缺和自然灾害等市场负面影响的能力。例如，敏捷的供应链可以更容易适应突然的需求激增和原材料供应的重大变化。

供应链敏捷性共分为以下两大类：

（1）战略的敏捷性。这指的是在整个供应链中快速调整采购、库存流和产能使用的能力。为了确保整个供应链能够顺畅运作并及时应对可能出现的问题，需要监督从供应商到制造商再到客户的整个原材料和成品流

程，并在更细致的水平上预测需求趋势和可能出现的供应中断。自动化和无缝的数据流为这种敏捷性的实现创造了条件，便于企业通过调整整个供应链网络的资产来扩大或缩小生产规模。例如，大型零售商将库存管理软件与需求预测相集成，创建自动库存补货计划，实现战略的灵活性。如此，就能快速应对潜在的产品短缺，防止缺货。

（2）运营的敏捷性。这指的是优化整个供应链流程的能力，以便对短期、意外的需求和供应变化快速做出反应，这种敏捷性来自实时供应链规划、垂直集成制造以及与供应商的密切关系。

2. 提高供应链敏捷性的策略

在供应链中，敏捷性主要体现在快速调整人员、流程和商品配置，灵活应对市场、需求和供应的变化，同时抓住新出现的机遇。

企业规模和性质各异，实现供应链敏捷性并没有固定的方法，不过目标都是一致的，即希望能在市场的波动中保持敏锐的洞察力和灵活的应对能力。这里介绍六种提高供应链敏捷性的策略。

（1）需求预测。企业可以使用投资需求预测软件来创建敏捷的供应链，该软件涉及预测分析、人工智能、统计分析和建模技术的应用，可以对大量数据集进行分析，从而准确预测消费者的需求与行为，指导库存补货需求。借助这些预测，企业就能微调制造资源和库存水平，避免缺货和库存过剩。

（2）优化生产调度。通过协调企业的库存需求与机械、劳动力和原材料交付周期等能力，可以最大限度地提高制造效率，减少机器闲置、切换和成品交付延迟。当生产与调度紧密配合时，企业就能灵活地调整生产计划，迅速响应需求变化。

（3）优化再订货点。再订货点，是指企业必须重新订购特定商品的库存以避免缺货的点。计算再订货点可以确保企业只订购他们需要的库存，且只在他们需要的时候订购，使供应链更加灵活。

计算再订货点的公式为：再订货点＝平均日销售额 × 交货期（天）+ 安全库存

（4）实时数据。具备敏捷供应链的企业，可以与制造、物流和分销领域的供应商及合作伙伴进行轻松、频繁的实时沟通，并在整个供应链网络中实时共享数据。这种高质量的数据和连接方式，使供应链中的所有相关方都能主动作出对整个集体有利的决策。

（5）仓库自动化。自动化仓库流程能够提高供应链对供需变化的反应速度。采用基于云的仓库管理系统，企业就能自动处理订单，包括分拣、包装和运输等环节。此外，运用物联网技术，如智能货架和传感器，就能自动监测库存水平和移动情况。

（6）优化仓网布局。分析收入、客户和SKU（Stock Keeping Unit，唯一产品代码，用于识别和区分不同的产品）数据，企业就能优化其供应链网络和仓库设施的配置，从而更好地为最有营利性的客户和产品提供服务。这种策略就是仓网布局优化。这样，即使遇特殊情况导致一种运输方式受阻，企业依然能利用其他运输工具发货，从而及时向重要客户供应产品。

四、以客户需求为共同目标的异质供应链管理

新供应链是异质的、多元的，甚至是跨界的。企业的外部所有购买行为，不再是零部件的供应那么简单，而是存在于数字化组织中，面对渠道

商的广告购买,面对咨询公司的方案完善,面对供应链中的中间执行伙伴以及数字技术服务供应商等,要想驱动异质多元体系的供应链,就离不开共同的目标。在企业运作过程中,只有客户需求是始终存在的一个方面,因此需求异质的资源供应链管理也就成了一个全新的问题。

供应链管理的目标是在满足客户需求的前提下,对整个供应链(从供货商、制造商、分销商到消费者)的各环节进行综合管理,例如:从采购、物料管理、生产、配送、营销到消费者的整个供应链的货物流、信息流和资金流,把物流与库存成本降到最低。

供应链管理的最终目的是满足客户需求、降低成本、实现利润,具体表现为:

1. 提高客户满意度

这是供应链管理与优化的最终目标。供应链管理和优化的所有方法,都是为了提高客户满意度,而这个目标也是企业赖以生存的根本。

2. 提高企业管理水平

流程的再造与设计,不仅是供应链管理与优化的重要内容,更是提高企业管理水平和管理流程的必备条件。同时,随着企业供应链流程的推进、实施和应用,也能进一步使企业管理更加系统化和标准化,提高企业管理水平。

3. 节约交易成本

结合电子商务整合供应链,可以极大地降低供应链内各环节的交易成本,缩短交易时间。

4. 降低存货水平

只要扩展组织边界,供应商就能随时掌握存货信息,组织生产,及时补充，由此企业便可不用维持较高的存货水平。

5. 促进供应商管理

供应商能够方便地获得存货和采购信息，相应地，其从事这方面工作的人员就可以从这种低价值的劳动中解脱出来，从事具有更高价值的工作。

6. 减少循环周期

供应链的自动化，生产、需求等各方面预测的精确度大幅提高，从而达到减少生产时间，提高客户满意度的目的。

7. 收入和利润增加

通过组织边界的延伸，企业就能更好地履行它们的合同，增加收入，维持和增加市场份额。

8. 网络的扩张

供应链代表着网络，企业建立自己的供应链系统，就等于建立起了业务网络。

五、数字化供应链需要跨部门的协作和沟通

跨部门的协同往往都是从供应链数字化开始的。

过去华为的研发、采购、生产、销售等部门都是各自为政，只要做好自己的本职工作即可，基本不会管其他部门的情况，甚至会故意给其他部门使绊子，如研发给供应链挖坑，供应链给销售挖坑，销售给研发和供应链挖坑，等等，总之就是各部门之间不但不配合，还互相伤害，导致的最直接后果就是，公司在客户那里的声誉越来越差。

后来华为引进 IPD、ISC、IPMS 等流程，把市场、研发和供应链整合在一起，极大地提高了效率，也提高了公司的价值和竞争力。

华为的供应链管理模式随着企业的发展和成熟度而不断变化，总的来说，其大概经历了以下几种管理模式的迭代和发展。

（1）效率型供应链管理模式。华为从产品和物料入手，为了确保流水线顺利、高效运转，搭建了效率型供应链，通过编码数量整合、产品变更管理、物料齐套性管理等，降低了供应链的采购难度和成本，提高了供应链交货的及时性。

（2）响应型供应链管理模式。数据驱动的全连接、高效流动、智能决策，行业和产品更新迭代迅速，华为对客户的需求响应要求的是"快"，通过研发和供应链协同实现四"快"：研发设计快、采购生产快、销售反馈快、物流配送快。

（3）敏捷型供应链管理模式。华为客户的特点是：需求波动大，要货批次多、批量少，为了应对这个问题，华为使用包括对销售进行波动管理和预测等方法，通过业务和产品分层构建 CBB 产品平台，对关键物料进行多级备货。

（4）用 IPD 集成产品开发流程实现产和供的协同与集成。在集成产品开发流程中，让各功能部门参与产品开发的功能评审，保证可供应性、可采购性、可制造性在产品设计和开发阶段被充分考虑，以达到供应环节的水到渠成。

所谓产、供、销协同，就是把产品开发（设计/研发）、供应链（采购/生产/物流/交付）和销售部门融合在一起，让产、供、销变成一个相互交融集成的供应体系，相互协同，从而应对外部的竞争和挑战。

任正非说，华为致力于流程化组织已有 28 年，流程化管理还在路途中。在实际运营过程中，组织中的每个部门都是一个复杂的事务体，要想成功地进行协同，就需要通过数字化供应链打通各部门的"墙"，做到对各部门信息的全面掌握。因此，企业流程化管理就是要打造数字化供应链体系，进而就是要打通这些部门的"墙"，推动整个企业的数字化进程。

那究竟什么是数字化供应链？传统的供应链可以简单地概括为从制造商到最终用户的业务流程中涉及的所有个人、组织和活动之间的网链结构。数字化供应链则是把传统的供应链流程借助数字化技术（物联网、区块链、机器学习、人工智能、预测分析等）实现，包括需求计划、资产管理、仓库管理、运输和物流管理、采购、订单履行等环节，通过多渠道实时获取并最大化利用数据，打通供应链各个环节中信息交流的壁垒，实现需求刺激、匹配、感知与管理，提高企业业绩，最大限度地降低风险，实现"数字驱动供应链"的供应链管理，如图 1-1 所示。

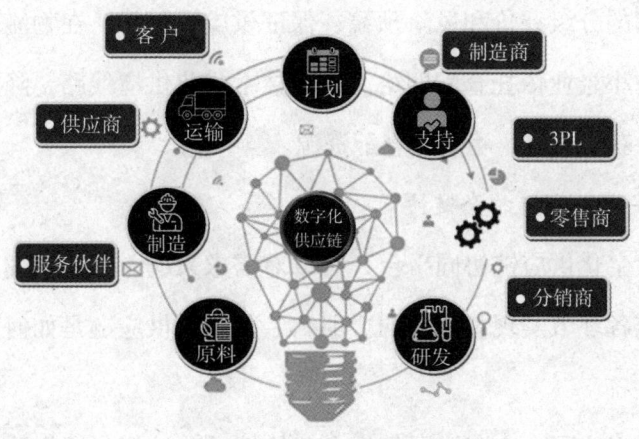

图1-1　数字化供应链体系

数字化供应链运用数据、流程、智能算法等技术，以信息化手段控制、优化供需企业之间的信息流、物品流和资金流，将供应商、制造商、销售商等连成一体，做到彼此间的生产协同、采购协同、运输协同、库存协同和销售协同等，增强供应链端到端的计划。

1. 数字化供应链的意义

数字化供应链以数字化手段提高供应链的速度和效能，不仅可以为企业带来经济效益，还能在更大范围和更深层次促进国民经济循环的速度和质量。

（1）数字化供应链精准对接供需，拓展了消费零散、有限的增量空间。在生产和销售环节，C2M（用户直连制造）模式向企业开放数据资源，通过销售数据分析预测，就可以将消费者的个性化需求反馈到生产上，减少中间环节，从而以高质量的供给激发消费需求的扩大。

（2）数字化供应链降低供应风险，增强了产业循环系统的韧性。比如，在采购环节，数字化采购可以帮助企业预测采购需求和支出结构，实现对供应商的分级评价和风险预警，保证供应更可靠。在物流环节，数字化物流使中小企业依托仓配网络、数智技术优化供应线路、降低库存、提高周转率，获得丰富、稳定的仓配资源。

2. 数字化供应链的全链协同

通过数字化供应链协同平台，可以对需求采购、订单处理、仓储、物流等供应链各环节实现智能协同。那么，数字化供应链是如何实现全链协同的呢？

（1）生产协同。生产协同是指企业依据采购计划、销售计划以及当前库存情况等制定生产策略，实现生产计划协同、生产过程协同和生产质量控制协同。

（2）采购协同。企业根据原材料供应状况、需求计划以及当前库存情况等联合制定采购决策，打通供应商和生产商之间的业务衔接，实现采购计划和采购订单执行的协同。

（3）运输协同。原材料、半成品和产成品等从供应链上游供应商配送至下游零售商直至消费者的过程中，进行准时化和高效化协作，实现产品和信息的有效对接，消除运输过程中的多余和重复环节，减少装卸货物的等待时间、账单错误情况和运输空载率，优化运输路线，保证运输物资的安全性和准确性。

（4）库存协同。实现供应链上各节点企业库存管理的共同化，建立企业供应链同一的物资物料目录，通过"线上订单+自动分仓储备+配送协同"等方式，实现物资物料的全生命周期管理。

（5）销售协同。在了解实时库存情况、生产情况和配送情况的前提下，实现供应链的信息共享和同步传递，对供应链供应、生产和销售等环节进行协作化管理，最终实现供应链上销售过程的协调化和柔性化。

六、时间机器：全局观和全链数字化

企业的供应链通常都是个性化的，迭代到最后都会形成一个完整的系统。人、事、物信息高度协同的优良的供应链体系，是建立在时间的基础之上的，要想构建一个完整的供应链，从规模企业的供应链来看，大约需要10年时间。

整个供应链其实会拥有一个共同的时钟。链主企业往往是供应链上的造钟者，每一个信息化的员工，都是这台时间机器上的报时者。数字化协同带有一定的制动性,这也是数字化供应链一直都在追求的管理状态。

时间机器的天然要求就是全链的数字化,建立协作网络后,才算是建成了基于全局的全链数字化。因此,数字化供应链的建设要么不做,只要做了,未来就一定是构建一个全链数字化的企业。

案例 开市客(Costco)有一个非常有特色的数字化供应链

开市客是美国最大的连锁会员制仓储量贩店,于1976年在加州圣迭戈成立。它是会员制仓储批发俱乐部的创始者,主要致力于以最低价格提供给会员高品质的品牌商品。2019年开市客进入中国,在上海开了第一家店,非常火爆,茅台、爱马仕等产品在开市客开店之初被抢购一空。

在2020年《财富》世界500强排行榜上,开市客名列第33位,其全年营业额为1527.03亿美元。开市客是一家异常成功的企业,其成功的背后离不开对供应链的规划和管理。

从模式上来看,开市客的成功主要源于其会员制驱动的供应链体系。在商业模式中,卖商品不是盈利方向,开市客的盈利点在于收取会员服务费。开市客的供应链有以下几个优势:

(1)会员模式。2018年,开市客在美国的会员数量为5160万,这个规模代表了用户的黏性需求规模。开市客捆绑了众多用户的日常购买需求,向供应商进行集约化采购,实现最优成本,帮助用户得到了低价产品。而低价,又让开市客赢得了更多会员;会员多,采购规模就更大;而采购规模大,其就能获得更大的议价空间……如此,就形成了一个正向循环。

（2）不做广告。广告是商业零售导流的重要方式，不管是线上还是线下，零售企业每年都会在各大媒体平台投放大量的广告。而开市客不做广告，它把广告费省下来，让利给会员，让会员去分享开市客的价廉物美。

（3）供应链金融。如果开市客的美国会员按照5160多万名计算，会员单价是60美元，二者相乘就是30多亿美元。30亿美元的金融价值，完全可以支撑对上游供应商的采购，大幅降低了资金运营成本。而这个优势也可以让上游供应商获得更好的金融服务，从而降低整个供应链的资金成本。

（4）高效的供应链。开市客的商品中，自有产品的份额超过20%，这些都是为客户定制的。开市客会根据客户的需求研发和设计产品，然后委托OEM工厂实现规模化定制，打造热销产品和爆品。

（5）快物流。开市客的物流基本上都是供应商直接供到门店，不仅减少了中间的库存和流通环节，还消灭了中间不必要的浪费。

零售业都是看得见、摸得着的，表面上看来没有任何秘密可言，可是很难做得好。简单的东西，能做到极致就不简单。当然，开市客最值得学习的地方就是如何构建自己的商品和商品组合的能力，开市客不断优化其有限的商品品类，在时间线上达到了逐步完善的目的。我们不仅要看到开市客的店铺，更要重视它的具有精准配套能力的全球供应链体系，正是该体系让跟其协作的千万家企业受益。从全球来说，这不仅是开市客的能力，更体现了整个网络面对用户解决问题的能力和建设更好渠道的能力。这就是供应链的全局观。

七、打造数字化组织，构筑商业战场的强大后勤

在市场经济中，企业的运营是高度透明化的，因此要求企业必须从全局的高度来思考其供应链的价值。如今，运营的可视化，已经成为数字化企业的标准管理模式，也是一种协同的战略工具。我们都知道，商场如战场，而在信息全球化的当下，有一个共同的设定，即信息时代的商业战争的核心就是发现和摧毁。其中发现部分涉及数字化网络的问题，摧毁部分则是后勤问题，而摧毁是关键。

可见，在信息化时代，企业必须有强大的后勤，才能具备强悍的摧毁能力。而数字化是信息化的高级阶段，因此，打造数字化组织，可让企业在信息化时代拥有强大的后勤组织，无往而不利。

1. 数字化组织是什么

数字化，是从物理世界到数字世界的一个过程。在物理世界，企业有固定的办公室，有办公桌椅，有制度和流程。从本质上来说，数字化组织就是打造一个"云端办公室"，把物理世界的办公室的流程和制度都搬到线上。

线下沟通，基本靠吼，线上则可以通过 IM（Instant Messaging，即时通信）迅速找到某个人，完成一次沟通交流。

线下会议在会议室进行，会受到物理空间的限制，比如，杭州的同事要去北京总部开会，需要从杭州去北京。而线上可以进行在线会议，跨越物理空间的限制，以同时拉动不同区域的人一起参加会议。

线下审批，需要跑多个办公室，如跑完总监还要跑总裁，如果遇到总

裁正好出差，就得等总裁出差回来再签字。而线上审批流程异常简单，只要"动动手指，点点鼠标"，就能完成整个审批流程，极大地节省了时间成本。

所以，数字化组织是一种面向未来的组织形态，打造云端办公室，就能跨越空间的限制，节省时间成本。

2. 如何打造数字化组织

打造数字化组织，可以从统一平台、机制保障、流程在线等维度来落地。

（1）统一平台。比如，钉钉的诞生，钉钉的使命，是为中小企业打造数字化工作方式的统一平台，解决管理问题。经过多年的发展，服务的客户数、开放的生态都证明钉钉是个非常棒的数字化组织底座。

（2）机制保障。数字化组织的打造和落地，需要机制来保障。很多企业和经营者对数字化的理解还停留在"信息化"阶段，认为数字化就是买买买，其本质原因就是缺少"机制保障"，比如有没有建立数字化小组，来推动数字化的落地。数字化战略是不是"一把手"工程？有没有小组来制定对应的制度，保障数字化的落地？机制的缺乏，导致数字化难以落地。企业一直在走弯路，花冤枉钱。

（3）流程在线。流程是一个组织的血液系统，流程是否顺畅，决定了组织的横向沟通、协同是否高效。组织内有大量的内部协同流程，比如请假、审批等最常见的管理流程，以及大量和客户有交互的端到端流程。如果中后台团队不是特别了解业务，这些流程走起来就会很费劲。流程在线，就可以跨越空间的限制，提高团队的运营效率，节省时间。

目前，国内有一批中小企业，数字化管理的程度已经相当高，开始对业务数字化进行新的探索。在业务数字化阶段，要投入很多资金来购买信息化系统，比如，ERP（企业资源管理）、MES（制造执行系统）、CRM（客户管理系统）等。但如何让这些信息化系统管理数字化沉淀的数据，真正从组织和经营层面来统筹全局，是企业目前遇到的困难和瓶颈。以终为始，站在企业经营的角度来看，企业经营者要通过经营驾驶舱看到业务数据、财务数据，以及人事和人效的数据。

第二章　数字化组织的底层逻辑

一、数据融合和软件驱动的企业创新

随着以数字化与智能化为特征的人工智能、云计算、区块链、大数据等新兴技术的迅速崛起与发展，数字经济和智能经济正在打破和颠覆传统经济背景下的企业经营理念，为企业创新活动提供新的动力和机遇。

在数字化高速发展的现在，商业运营的模式正在不断变革，数字技术已成为各行各业发展的核心驱动力，数实融合也成为企业运营的新常态。这种趋势尤其在私域运营中体现得淋漓尽致，其中，数据、技术驱动商业模式创新是关键。

1. 数据驱动是私域运营的核心

通过数据的收集、分析和挖掘，企业就能更好地了解消费者需求、行为习惯和偏好，进而优化产品和服务，提高用户体验。例如，电商企业可以通过数据分析，发现用户在某一时间段更倾向于购买哪种商品，然后根据该数据，调整促销活动或商品推荐，提高销售额；通过数据，发现用户对某一类商品的需求量大增，并及时调整库存和营销策略，就能最终实现销售额的大幅增长。

数据驱动是一种新的业务模式，通过对企业内外数据进行全面感知、智能融合和深度挖掘,将数据作为一种新的生产要素融入研发设计、生产制造、销售服务和经营管理等环节,可以优化企业全局,为客户创造新的价值。

在传统的业务模式下,企业往往是通过对流程的不断优化,来实现差异化的战略定位、高效率的运营管理以及低成本优势建立,并确保在竞争中占据有利位置。信息经济时代,数据成为业务的"血液",企业通过业务数据化和数据资产化,将数据转化为信息、知识和智慧,提供业务洞见和决策建议,来驱动业务运转和持续优化,从而在数据中创造新的价值和竞争优势。

数据驱动的创新型企业以数据为基础,以知识为载体,以创新为特征,建立了完备的"数据—信息—知识—智慧"体系,通过将数据深度融入并驱动产品全生命周期、全业务过程、全价值链等环节,持续提高以技术创新为牵引、以商业模式创新为核心、以管理创新为支撑的综合创新能力,企业就能实现"主动创新、自动适应、学习成长"等目标,并满足用户个性化、多样化、定制化需求。

数据驱动的创新型企业具有"全面感知、精准决策、敏捷反应、学习成长、高效协同、持续创新"六大特征。

(1)全面感知。建立完整的数据资产体系,对企业内外部数据全面、透彻、精准地感知,智能识别价值链中的信息流、商品流、资金流、知识流和服务流等变化。

(2)精准决策。对海量感知数据进行存储、计算与分析,集成并优化所有的信息、资源和能力,做出及时精准的决策,并对未来趋势做出预测和引领。

（3）敏捷反应。建立透明、动态、柔性、可重构的组织发展方式，围绕价值创造灵活地调整自身策略、组织和流程，通过快速响应、敏捷协同、主动作为，持续为客户创造附加价值。

（4）学习成长。从数据体系中提炼形成有价值的信息、知识和智慧，推进"知识资产"的开发和利用，提高人才的自我管理、自我约束和自我发展能力，提高企业的自学习和自成长能力。

（5）高效协同。通过万物互联技术，进行人、机、物、环境和信息之间的全面联动，实现跨企业的横向集成、设备到决策的纵向集成、产品全生命周期端对端的价值链集成。

（6）持续创新。以创新作为企业发展的动力，进行技术、战略、文化、制度、市场与流程等创新，不断地推出、实施新的项目，实现企业实力、规模和效益的持续发展。

2. 技术驱动是私域运营的支撑

数字化时代，企业需要运用先进的技术工具和方法，来提高运营效率，优化用户体验。利用人工智能、大数据、云计算等先进技术，企业就能更好地管理和运营私域流量，比如线上教育机构可以利用智能推荐系统，根据学生的学习情况和兴趣爱好，推荐适合学生个人的课程和学习资料，从而提高用户的学习效果和满意度；企业运用人工智能和大数据技术，可以对海量数据进行快速处理和分析，为企业决策提供更准确的市场预测和用户画像；运用AR/VR技术，可以为用户提供更直观、更生动的产品展示和体验。

为了满足用户变化的需求和适应市场环境，企业需要不断探索新的商业模式，减少对第三方平台的依赖，降低营销成本。比如，快消品牌可以通过建立自己的会员制度，与消费者建立更为紧密的关系；提供个性化服务和定制化产品，可以提高用户黏性，在实现长期稳定盈利的同时，也会提高企业竞争力，并为用户带来更好的消费体验。

综上所述，数据驱动、技术驱动，私域运营在数字化时代愈发重要。要想在激烈的市场竞争中立于不败之地，企业需要加强数据分析和技术应用能力，不断创新商业模式，私域运营不仅可以提高企业的盈利能力，还可以增强企业与用户之间的关系，让企业立于不败之地。

二、生物思维，从整体出发的连贯性

21世纪是创新的世纪，互联网的最大特征就是创新，腾讯之所以能够成为互联网行业的一匹"黑骏马"，主要得益于其源源不断的创新。因此，它向一个开放的、没有疆界的互联网新生态迈出了第一步。

以前腾讯做得好不好，只与自己的员工和股东有关系，现在则关系着许多人，因为这个原因，腾讯就必须促进平台繁荣，与合作伙伴一起成功。通过对开放平台合作伙伴的观察，马化腾发现，做好一款产品对于很多人来说并不太难，但如何让它持续地运营下去，如何移植一款产品的成功经验而创造一系列的成功产品，却相当难。

在产品开发和运营过程中，有一个词一直被反复提及，那就是"灰度"。马化腾认为，在互联网时代，产品创新和企业管理的灰度意味着时刻保持灵活性，时刻贴近千变万化的用户需求，并随趋势潮流而变。只要找到最恰当的灰度，企业就能保持有效运转，为创新提供一个灵活的环境，就既不会让创新被扼杀，又不会走进创新的死胡同。而要想做到这一点，就需要在快速变化中找到最合适的平衡点。

互联网是一个开放交融、瞬息万变的大生态，企业作为互联网生态里的一员，需要像自然界的生物一样，各方面都具有与生态系统汇接、和谐、共生的特性。从生态角度观察思考，腾讯的内在转变和经验得失可以总结为七个维度，分别是：需求度、速度、灵活度、冗余度、开放协作度、进化度、创新度。

1. 需求度

用户需求是产品的核心，产品对需求的体现程度就是企业被生态所需要的程度。在产品研发过程中最容易犯的一个错误是：研发者对自己挖空心思创造出来的产品像对孩子一样珍惜、呵护，认为这是他的心血结晶，但好产品其实并不需要特别厉害的设计，因为觉得自己特别厉害的人会故意做一些体现自己厉害但用户不需要的东西，反而会舍本逐末。

2. 速度

速度是产品在生态中存在发展的根本。我们经常会看到这样几种现象：有些人一上来就把摊子铺得很大，布局恨不得面面俱到；有些人喜欢追求完美，喜欢反复打磨产品，直到自认为尽善尽美；有些人知道创新的重要性，但又担心失败，或造成资源的浪费。

互联网时代，谁也不比谁慢，对手会很快清醒过来，并很快赶上来，甚至会比你做得更好。最优解就是"小步快跑，快速迭代"。

3. 灵活度

快速迭代产品的关键是主动变化。管理者、产品技术人员不应只是市场人员，还应是变革者。只有更早地预见问题、主动变化，才不会在市场中陷入被动。互联网企业及其产品服务，如果不保持敏感的触角、灵活的身段，同样会得大企业病。

4. 冗余度

在产品研发过程中,如果自己做的产品失败了,怎么办?允许适度的浪费。也就是说,在资源许可的前提下,即使一两个团队同时研发一款产品也可以,只要你认为这个项目是你在战略上必须做的。

5. 开放协作度

互联网的一个美妙之处就在于,把更多人更大范围地卷入协作。越多人参与,网络的价值就越大,用户需求就越能得到满足,每一个参与协作的组织从中获取的收益也就越大。所以,聚焦于自己核心价值的同时,应尽量深化和扩大社会化协作。

6. 进化度

构建生物型组织,让企业组织本身在无控过程中拥有自进化、自组织能力。进化度,实质就是一个企业的文化、"DNA"以及组织方式是否具有自主进化、自主生长、自我修复、自我净化的能力。

以柯达为例。很多人都知道柯达是胶片影像业的巨头,但鲜为人知的是,它也是数码相机的发明者。然而,这个让众多企业迅速发展壮大的发明,在柯达却被束之高阁了。柯达失败的原因就在于组织的僵化。真正有活力的生态系统,组织会自然生长进化,积极创新,即使是所谓的失败和浪费,也是复杂系统进化过程中必不可少的生物多样性。

7. 创新度

创新并不是刻意为之,而是充满了可能性和多样性生物型组织的必然产物。

当下,外部环境风云变幻,数字技术迭代加速,内卷和跨界竞争白热化,在一个不确定性常态化的时代,企业需要的并不是预测未来,而是

"向下扎根,向阳生长"。首先,要努力探求风云变幻之下不变的本质,比如具有恒定性的事物本质和长期驻留的事物规律,向下扎根;其次,要及时敏锐地感知外部变化,并快速整合自身和链接外部资源作出响应,也就是向阳生长。

按照企业生命周期的说法,任何一家企业都会面临发展、成长、成熟、衰退几个阶段,有些类似于人类个体所面临的"生老病死"。只有时刻保持包容与好奇,并在外部发生变化时及时反应,才有机会延缓企业的生命周期。

三、做一个整体分布式网络动态组织

随着第四次工业革命的到来,各种新兴技术和科技创新涌入我们的生活,从日常生活到社交距离,都有着数字化技术的影响,人们的工作方式也朝着网络化、去中心化的模式转变。这也意味着,在技术革命的冲击下,更多的企业会更倾向于围绕分布式团队、远程工作者和具有协作性的集体来调整组织架构。前几年的新冠疫情,更激发了组织分布式发展的趋势——员工既能在任意地方工作,又能高效地完成工作。

那么,作为新技术背景下的新型组织形式,该如何理解分布式组织呢?先来看个例子。

> 拥有数万员工的互联网巨头字节跳动,采用的办公模式便是分布式办公。和其他互联网巨头不同,字节跳动没有总部大楼,因为其发展速度太快,办公楼无法跟上员工的增长。因此,字节跳动便采用了分布式远程办公,人才在哪里,办公室就设在哪里。三年疫情期间,员工居家

办公,并没有降低工作效率,与字节跳动的分布式办公实践紧密相关。

随着远程和混合工作模式的增加,传统以办公室为中心的企业结构正在转向去中心化的分布式组织。以上案例再次证明了分布式组织具有的巨大竞争优势。

分布式组织,是企业基于全球化劳动力分布而构建的一种新型组织形态,员工不需要身处同一地点,在地理上处于分布状态。因此,这种分布的程度超越了面对面沟通的范畴,需要借助远程通信或协作工具来完成彼此之间的交流与合作。团队成员之间的距离可以是数十米,也可以达到数百千米,甚至还能跨越半个地球。

1. 组织分布式发展的驱动因素

可以驱动组织分布式发展的因素有:

(1)技术驱动。信息通信技术的使用,让生产环节的管理不再受限于地理空间,分布式办公、远程协作等成为更多企业和员工新的偏好。开源技术的流行,使知识和技术的共享越来越普遍。物联网、大数据和人工智能等,进一步提高了人、机器和社会的智能互联。数字革命衍生出的全球性数字平台,为更多创新型企业带来了机会,他们将以更好的质量、更快的速度和更低的价格为客户提供价值,并有力地促进组织发展。

(2)需求驱动。①优质人才资源需求不断上升。企业的核心竞争力需要依靠人才,而分布式组织可以打破地理边界,为企业寻找优质人才资源,进一步形成庞大的候选人才库。②节约办公空间成本。对于企业来说,分布式组织在很大程度上节约了办公场地租赁成本,为企业开源节流作出了贡献,从而让企业更好地参与了市场竞争。③针对市场需求的快速响应。员工不再有漫长的通勤问题,分布式办公的员工可以快速响应不同地区的需求,提高组织效率与客户满意度。

2. 分布式组织的优势

(1)招揽更广泛的人才。分布式办公,可以获取来自全球各地的优质人才资源。传统办公的企业只能区域性限制招聘或办公,而分布式组织则能够实现招揽和使用全世界人才。同时,分布式办公环境具有更强的包容性和灵活性,在吸引人才方面更具有优势。

(2)应对更广泛的市场需求。分布式组织的员工覆盖全球各个角落,为企业深入了解各地市场需求、当地客户取向提供了便捷的先天条件。同时,分布式办公还能帮助企业应对不同地域、文化、种族的用户需求。

3. 如何搭建分布式团队

要想搭建分布式团队,可以这样做(见表2-1):

表2-1 分布式团队搭建要求说明

要求	说明
人员分散但目标集中	分布式组织缺少面对面社交,需要让团队成员对任务建立一个统一认识,即集中式目标。成员应进一步将该目标分解,这一步各地区应同时进行,以提高工作效率。分布式组织的集中式目标,首先在新员工入职时,需要将公司统一的核心价值观反复传达。同时,要定期开展季度工作会议,帮助员工对工作任务形成统一认识。当团队的目标统一时,员工就能合理安排自身工作,提高团队凝聚力和竞争优势
注重远程沟通与协作	分布式组织没有了地理界限,更依赖多渠道通信技术,以便有效且及时地沟通。通过视频会议工具,实现远程的"面对面"交流,同事之间可以快速了解彼此近况,增加团队之间的亲密度,并提高工作效率,如Zoom、腾讯会议。通过云文件管理,可以实现云端多人在线编辑文档和实时讨论,所有的修订痕迹都可以进行追溯,如Google Docs、石墨文档。通过任务管理工具,实现企业的考勤管理、人事管理、项目管理、流程管理等,如团队协作工具Teambition

续表

要求	说明
保证时间效率最大化	分布式组织的高效性体现在整体时间效率最大化，这就需要从每一个环节减少时间的损耗。著名的分布式组织Automatic的招聘流程，以"试用评估"和"文字面试"闻名。无论是初试还是创始人的终面，都采用线上面试，终面之前还要参加4—6周的远程试用。在远程协作过程中，分布式组织可以利用成员之间的时差，通过异步协作，让项目在最小中断情况下完整实行
创建多元化企业文化	现今，许多公司越来越注重多元化管理，以此作为提高创新能力的一种手段。分布式组织以其包容性吸引着来自各行各业的优秀人才，但组织的多元化不仅在于多样性人才，更是为员工创造一个包容性的环境，让多样性服务于组织的利益
团队规模小型而精简	相比传统的大团队，小型团队精简灵活，更敢于尝试新的机会，增加颠覆性创新的概率，促进科技创新的发展。研究表明，小团队更容易做出大发现。分布式组织37signals作为全世界效率最高的软件公司之一，只有40多名员工，50%以上的员工分散在两大洲八个城市，公司相继研发出拥有数百万用户的团队协作工具，如Basecamp、Highrise等。可见，分布式组织里的小团队更容易产生创造性的成果

随着科技活动日益复杂，传统集中式办公已经无法满足企业竞争的需求。分布式组织作为未来组织转型的新风口，不仅颠覆了传统办公模式，为组织带来全新的竞争优势，也迎合了技术革命的新趋势。高效、便捷、低成本的分布式组织形式与科技进步相辅相成，企业要实现跨国家、跨地区的扩张，就要依赖分布式组织的管理思想。

四、全员一朵"云"，构建数字化运营底盘

随着新趋势和工具的不断涌现，数字化技术正在深刻改变着商业模式，云技术作为最关键的驱动力，已经成为多数数字化战略的核心组成部分。无论是构建现代化商业应用，还是开发新网站，云技术都有着广泛的

第二章 数字化组织的底层逻辑

应用。

2023年11月29日,伊利集团与华为云计算技术有限公司(以下简称"华为云")在深圳签署了全面合作协议,开启了数智化全新合作篇章,它们共同以"为消费者带来更高质量的产品与服务"为目标,通过发挥自身优势,以云技术强化乳业数字化基础设施优势,来推进乳业整体数字化转型。

产业数字化是数字经济发展的重要引擎,是加快形成新质生产力的有力支撑。伊利作为龙头乳企,在业内率先启动数字化战略,致力于推动中国乳业数字化升级。此次强强联合,可以有力促进乳业的数字融合,为伊利以及中国乳业的数字化注入新的动力,为数字经济谱写新的华章。

伊利与华为云,在IDC上云(指互联网数据中心)、智慧园区及数字化办公项目,以及元宇宙与数字人等领域深度合作,助力乳业全产业链数智化转型。通过终端云深挖数据价值,实现在品牌、媒介、大数据等领域的共创共建,来提高数字化营销能力,加速乳业全产业链的数智化升级。

华为是全球数字化经济的重要推动者,通过持续的技术创新和市场拓展,助力了物联网、工业互联网和人工智能等领域的快速发展。过去10年,华为累计投入研发经费达到9773亿元,在十几万研发专家共同努力下,持续攻克了一项又一项核心技术。华为云把华为的关键技术、基础设施资源、行业伙伴转型经验,以云服务的形式对外开放,解决了业界最关心的创新难题、痛点,帮助行业释放了数字化生产力。

作为全球乳业的领军企业，多年来，伊利持续提高数字技术应用能力，推动数智化与产业链核心业务深度融合。其打造的伊利健康谷液奶和奶粉制造项目，成为全球乳业数智化升级的标杆；建设的敕勒川生态智慧牧场，是全球智能化程度最高、低碳环保最先进的牧场。全链条的数智化，增强了中国乳业的全球竞争力。

华为云践行"一切皆服务"战略，立足做好行业数字化"云底座"和"使能器"，持续围绕基础设施即服务、技术即服务、经验即服务不断创新，深耕行业数字化。此次合作，基于伊利对行业未来发展方向的深度理解，并通过共同探讨可执行、易落地的数字化转型路径，为伊利的发展提供了技术底座。

数字化转型不是一个流行语，而是一个能够改变业务流程并提高客户参与度的重要战略。要想成功实现数字化转型，不仅要重新构建业务流程，还要利用 AI、物联网、AR、ML、大数据分析等先进技术提高客户的参与度，利用云技术提供强大的计算能力、大量的存储空间和 IT 基础设施。

云计算是一种按使用量付费的模式，能为用户提供可用的、便捷的、按需的网络访问，进入可配置的计算资源共享池，这些资源能够被快速提供，只要投入很少的管理工作或与服务供应商进行很少的交互。

采用云计算，有助于企业更好地把握数字化转型的机遇。

1. 更好地协作

协作是让世界运转的关键，没有它，我们都将被困在自己的角落里，无法分享想法和共同努力。数字化转型要求我们离开自己的小隔间，以适应更高效的协作文化。而云计算的出现，恰好能帮助我们更好地协作，提高工作效率。

基于云的协作解决方案可以有效地减轻项目合作的痛苦，使员工能够在企业内部和外部合作伙伴之间共同处理文档和其他文件类型，提高工作效率。例如，把文件存储在云服务器上，任何人都可以从任何地方访问它，而无须发送大型文件或等待 IT 管理员将信息放置在本地服务器上。

此外，基于云的视频会议可以让员工进行高效的会议，并像在同一个房间一样共享链接、文件和演示文稿，以便更好地协作完成团队项目。即使不同的团队在不同的地点，也可以一起工作，并访问相同的数据。

基于云的协作方案为企业提供了更高效的协作方式，使员工能够更好地协作完成团队项目，提高工作效率。这是数字化转型中不可或缺的一部分，值得企业去探索和采用。

2. 更富有灵活性

要执行成功的数字化转型战略，公司要多次调整业务实践，如果希望在不重复购买不同类型的计算资源的情况下享受使用的便利，云计算就是答案。

此外，云解决方案可以使员工在任何有互联网连接的地方工作，这就促进了灵活工作。因为它允许团队在任何设备上工作，不仅仅是他们的 Windows PC，还包括苹果 Mac、平板电脑和手机。

云计算为企业提供了更灵活、更高效的工作方式，使企业更具竞争力。这是数字化转型中不可或缺的一部分，值得企业去探索和采用。

3. 成本更低

对企业来说，云计算就像一种神奇的工具，可以通过以下方式为企业节省成本，提高生产力，并增强竞争力。

云服务的前期成本很少或几乎没有，企业可以按需付费，且操作系统和软件升级的成本已经包含在内，企业不需要雇用任何内部 IT 专家来管理云；企业的投资成本将降低，因为外部 IT 支持公司或服务提供商的支出也减少了；企业不需要建立自己的数据中心来存储本地服务器，节省空间，并让成本降低；降低系统停机的风险，提高生产力，节省时间和金钱。随着企业的发展，云系统也可以随之增长。企业不会错过任何有利可图的机会，只需等待本地 IT 系统更新即可。

4. 安全性更高

随着数字化转型的进行，企业可能会失去对数据和基础架构的控制。然而，将数据转移到云端却能极大地降低丢失和被盗窃的风险，因为云备份是自动完成的。因此，企业可以放心地将数据存储在云端，无须担心数据安全问题。

随着亚马逊 Web 服务和谷歌云平台等云服务提供商的行业创新，云技术比以往任何时候都更加安全，企业完全可以通过多种云安全技术来保护业务，以降低数据泄露的风险，确保数据安全。

此外，如果将数据存储在本地服务器中，企业可能会遭受数据泄露风险，损失大量时间、金钱和客户，并对企业的发展和声誉产生不利影响。然而，云主机提供了多个备份，尤其在处理大数据分析时更为重要。基于云的多个备份在分布式系统中部署，即使某个安全节点失效，也不会对数据造成完全摧毁的风险，能够确保数据安全，并能够更快、更有效地恢复数据。

5. 灵活性更强

可扩展性是处理不断增长的按需业务需求的能力，云计算支持两种扩展类型——纵向扩展和横向扩展。企业可以将它们移动到不同的服务器上，或同时托管在多个服务器上；工作负载和应用程序可以随着需要移动到更大的 VMs 上。因此，云可扩展性的主要好处包括便捷性、灵活性、速度、灾难恢复和成本节约。

有了云可扩展性，企业无须再担心过时的设备会束缚业务发展，可以自由地专注其他任务，更新系统，并快速增加能力，从而节省成本。需求增加时，企业可以将工作负载分配到更多的服务器上，实现最大性能。云计算的最大优势是，为企业提供提高 IT 灵活性的手段，同时有效降低企业的运作成本。

在企业数字化转型逐步深入的背景下，可以预见未来几乎所有的互联网应用和企业应用都将运行在云上。而且，云计算已经不再是单纯地提供计算能力，而是逐渐成为一个包含了基础设施、运算平台乃至整套管理、软件解决方案的庞大体系。无论是大数据、VR/AR，还是人工智能，或者无人驾驶汽车、物联网、区块链等，这些新技术的发展和应用都将与云计算密不可分。

五、通过容错性过程控制重要结果

抛弃经济学组织的一般定义，引入生物学组织的一般定义，就能以生物思维来思考数字化组织的运营方式。生物思维的规律，是将企业运作看成一个过程和结果的结合体，企业肌体间的协同性和整体过程性是数字化组织的本质特征。

数字化组织的生物学逻辑是从整体出发的连贯性。数字化组织要求采购人员成为市场研究人员、采购执行者和精确的数据生产者，不仅能成为产品品控、时间和计划的控制者，也应是企业的知识生产者。数字化供应链的价值，在于能够获得整个价值链上的全局知识，对于企业这个本质上为知识和技术组织而言，已经是关键的知识生产者。

数字化组织的直接目标，就是以更少的人完成更多的事情，实现降本增效，企业数字平台、客户伙伴中台保持实时组织的协同性，明确目标，服务整体，过程性系统思维、结构性系统思维和整体性系统思维，在数字化智能化基础上，量化到每一个人（生物细胞组织）。

六、数字化供应链对企业的赋能方式

学习型组织、数字化组织和数字化员工将所有数据进行汇总，放入企业的数据中心进行清洗和整合，培养企业级的人工智能，在全局数据中找到准确的数据参数表述，然后对企业进行渗透性的赋能。

数字化供应链对企业赋能的方式如下：

一是以现金流运营为供应链管理的核心。供应链需要在短期框架内解决相关问题，因此供应链中的每一块钱都很金贵，都有一个监督其发挥价值的计时器。

二是战略财务引领数字化供应链管理。用战略财务来统合整个价值链，从客户需求开始，到客户需求交付为整个价值链流程，审视供应链管理在企业"整体血液循环系统"中的价值和定位。

三是链主企业的战略责任。链主企业的高效能及拥有的对全供应链的价值庇护能力，在中国的产业园区经济中被称为"1+N+X"模式。该模式不仅能带动供应链实现地理位置和数字平台的集成，也会带动产业发展和创新。

响应式的数字化供应链整体就好比计时器和计数器，通过建立一种数字化的工作节奏，以刷新思维对数字化供应链中的企业进行管理。而企业的价值链竞争，就在于能不能在不断的数据刷新过程中建立一个高质量的数据体系。

供应链是企业高效协作数据和系统构建的来源。数字化组织和供应链必然会引入整体对标体系，企业管理都是模糊系统，只有在横向和纵向的综合比较体系下，才会看到自己的位置，知道自己的差距；在现实和差距之间制订切实可行的计划。

第三章　数字化供应链探索性变革

一、产品流、资金流和信息流统合供应链管理变革

如今，我国供应链服务市场规模在逐步增大，市场渗透率越来越高。相关研究报告显示，2017—2022年中国工业供应链技术与服务市场规模从0.2万亿元增长至0.5万亿元，年均复合增长率达20.11%，2023年市场规模为0.7万亿元。那么，供应链管理到底是什么呢？

供应链管理是对从供应商到客户之间的商业流程和商务关系的集成管理，在给予客户更具价值的产品、服务和信息的同时，最小化供应链的成本。最简单的供应链是一层关系，有一个客户和一个供应商；复杂的供应链有多重客户、多重供应商关系，贯穿其间的是产品流、信息流和资金流。

1. 产品流

顾名思义，产品流是产品的物理流动，涉及采购、生产、仓储、运输等，管理重点是以最经济、最有效的方式采购、制造、运输和销售产品。例如，对零售业巨头沃尔玛而言，在哪里选择供应商，在哪里设置一级配货中心或二级配货中心，在哪里开店，等等，都得全盘考虑生产、仓储、运输、销售等综合成本是否最低。

供应链之所以存在，是因为有产品流。

从概念上讲，物流是产品流的重要部分，但又不是产品流的全部。物流是把产品从 A 地搬到 B 地，本身并不对产品增值，如一台电脑，不管是在北美还是中国，都是电脑，不会因为地点的转变而增加功能或让性能更优。增加库存时间、库存地点，同样也不能增加功能与增强性能。此外，产品流还包括增值的生产过程，如在生产企业内，设备布局、工艺流程等都属于产品流的范畴。

反过来讲，产品流也不是物流的全部。物流不但包括产品的流动、存储，也包括随之而来的信息流等。这两个概念用英语来表达就是：产品流是"Material Flow"或"Product Flow"，直译过来，就是"物料或产品的流"；而物流对应的英语是"Logistics"，传统上被译作"后勤"，"物流"一词据说是直接来自日语。

产品流和物流在字面上容易混淆，但产品流与后勤显然不是一回事，因此产品流和物流不能等同使用。

2. 信息流

信息流与产品流、资金流结伴而行，是供应链的神经系统，支配着产品流和资金流的运作。举个简单的例子：

邮寄包裹填写表格，就是为了沟通信息。包裹的流动形成产品流，表格的流动会形成信息流，表格支配着包裹的流动。

对一个多重、复杂的供应链来说，信息的有效流动非常重要，也比产品流更难管理。例如，问有经验的进出口人员这两者的管理难度，他们多半会说，单据比产品更难对付。

如果出问题，多半是单据出了问题，要么是单据丢失，要么是与实际货量不符，要么是地址有问题，要么是格式不符合入关要求。比如，你寄的包裹丢了，其实包裹本身丢掉的概率很低，丢掉的是单据或者单据与包裹分离，是一个信息流问题。在质量管理中，很多质量问题都不是单纯地制造产品的实物问题，而是信息问题。货量不准、货号出错、包装不妥、标签出错、质量检验证书没附上等，都是信息问题而不是实物问题。而需求预测信息沿供应链传递时出现的失真，历来都是供应链管理的"老大难"。

对于供应链管理来说，更多的时候是在跟信息流打交道，职位越高，工作对象就越是信息流。信息流来自信息的流动，而信息则来自数据，如何确保数据的准确性，并从中提炼出合适的信息，是管理者的一项重要任务。

身处供应链管理金字塔的塔顶，数据和信息才是对供应链的综合掌控。没有合适的数据和信息，就谈不上供应链管理，也因此供应链的改进和信息系统的实施或优化就分不开。

说到信息流，就不得不提信息技术。长期以来，人们经常把信息流问题与信息技术问题等同。其实，信息流不畅通虽然有信息技术方面的问题，但更多的是人为因素。举个简单的例子：别的公司都在使用电子邮件，你家公司还用鸡毛信，就是个典型的技术问题。但是，如果采用了电子邮件，公司各部门、人员之间还是无法共享信息，就是人为的壁垒问题。在供应链里，出于种种商业考量，公司之间并不愿意分享信息，例如：供应商担心采购方利用自己提供的生产信息要求降价，或泄露给供应商的竞争对手，这也是造成供应链低效的一大原因。

信息技术可以降低信息处理和传递的成本，并减小传递时的失真，但没法克服供求各方的人为壁垒（即商业问题）。商业问题需要商业解决方案，依赖信息技术，只能是缘木求鱼，例如：实施 ERP 系统的目的是希望让很多供应链问题迎刃而解，ERP 系统实施却是失败的一大原因。

产品流的最大挑战不是生产、运输或仓储，而是供应链的透明度，即在供应链中，产品具体在哪个环节、有多少，追根溯源仍然还是个信息流问题。问题看上去很简单，却是困扰企业多年的老问题。不管是条形码，还是 RFID（射频识别），抑或是 AR/VR 的应用，其目的都是增加供应链的透明度，通过优化信息流来提高供应链的效率。

3. 资金流

资金流看上去没有产品流、信息流重要，却是盘活供应链的关键。有些人对 20 世纪八九十年代的"三角债"记忆犹新：甲公司欠乙公司的钱，乙公司欠丙公司的钱，丙公司欠甲公司的钱，形成一个死循环。这其实就是供应链的资金流出现了问题。资金流一旦中断，就会导致很多行业整体陷入困境。

资金流是企业和供应链的血液，造成企业倒闭的第一原因往往不是资不抵债，也不是亏本，而是资金周转不灵。亏本是慢性病，如同吃不饱饭，虽然有些饿，但不会立即饿死；资金周转不灵则如脑中风，用不了多久就会致人死亡。试想，公司没有资金支付供应商的货款、发员工工资、付水电煤气费，还能撑多久？

很多情况下，资金流问题与库存问题并存，而库存与信息流息息相关，例如，采购方因为商业原因故意隐瞒市场数据，或者因为担心供应商的产能不足而故意拔高预测，都会导致供应商过度生产，库存积压。所以，资金流问题往往取决于信息流的解决方案，只有信息流畅通，才能盘活整个供应链。

二、敏捷性、速度和弹性

随着全球不确定性的增强，供应链中断似乎成了"新常态"，但迄今为止，供应链的反应在很大程度上还是被动防御性的，因为管理者制订了措施来防范供应短缺。敏捷性是多数供应链管理人员都欣然接受的一个优点，但它更难量化，面临危机时也不会感觉太紧迫。因此，多数供应链领导者都将重点放在了改善供应链绩效中那些更为具象有形的要素上，让成本、服务、质量、库存和资产绩效等指标得到了更好的定义。

然而，从长远来看，敏捷性可以使蓬勃发展的业务与侥幸存活的业务有所不同，一旦发生中断，虽然颠覆了既定的做法，但也揭示了新的机会。

1. 敏捷供应链的重要性

敏捷供应链之所以重要，有两个原因：

首先，我们生活在一个 VUCA 时代〔VUCA 是 Volatile（易变性）、Uncertain（不确定性）、Complex（复杂性）及 Ambiguous（模糊性）的缩写〕。提高供应链敏捷性，有助于提高弹性，随着国际格局多重风险搅乱世界供应源，供应链需要建立能够更快速地重新配置以保持货物流动的能力。提高弹性的传统方法通常依赖于增加库存、产能或供应商，但当主要根据效率评估供应链绩效时，这些恢复能力的"物理"方法都有很难证明的财务开销。未来，数字化方法和新的敏捷能力将提高弹性，减少财务负担。

其次，与其他部门的管理者相比，供应链管理者的运作更接近市场，颗粒度要求更高。他们可以获得他人没有的市场信号，例如：潜在的竞争对手供应问题。因此，他们可以发现新的机会，并动员企业利用这些机会。如果企业能够比竞争对手更快、更准确地做出响应，这一优势就显得更加明显。

为了增强敏捷性，企业不仅要做好防守，还要进攻。要更深入地嵌入到企业战略中，清楚地了解如何配置供应链，以及赢得竞争所需的能力。

2. 如何使供应链变得敏捷

与敏捷性相关的能力、关键性能指标和性能期望，不像供应链效率那样易于标准化或明确定义。对敏捷性的关注，根据公司的整体战略和支持该战略的供应链设计而有所不同。然而，根据我们的经验，敏捷性可以在四个方面建立：需求感应、协作关系、流程集成、信息集成。

（1）需求感应。感知和响应需求变化的能力是一个良好的开端。随着新的需求和盈利增长机会的出现，敏捷供应链就会向前迈进一步，预见到了变化，进而重新配置生产和分销网络，并转向稳健的供应源。在敏捷供应链中，管理者跟踪的指标，应包括感知新产品需求和将其推向市场之间的平均天数，以及基于对新客户偏好的主动感知而引入的产品型号及数量。

（2）协作关系。在这一领域表现出色的供应链经理会成为信息中心，从多个来源获取数据和观察结果，了解机会和风险。他们擅长与关键供应链合作伙伴合作，以协调的方式应对这些机会。他们与关键客户合作，交换市场信息，调整需求预测和产品。他们还会与更大比例的一级供应商进行双向信息交换，共享库存、生产计划和产能信息，更好地优化端到端供应链响应，而不仅仅是单个公司的响应。

（3）流程集成。敏捷供应链企业打破了传统的功能障碍，专注于优化端到端流程，从根本上改变了企业应对变化的速度。对于一些企业来说，快速响应的能力可能会帮助其拥有更大程度的垂直整合，并直接控制端到端供应链中更高比例的节点，包括制造工厂、供应地点和客户接入点。

（4）信息集成。云计算、5G、工业物联网和人工智能等技术的快速发展，推动了供应链的数字化，供应链越来越多地利用信息而非资产。寻求提高敏捷度的企业一般都无法在整个企业内轻松快速地共享信息，很容易搁浅。当更大范围供应链中的实体间共享信息时，这样的约束更具挑战性。

3. 恢复弹性和敏捷性的步骤

当前的供应链状况削弱了价值链中的每一个环节，迫使制造商重写他们的供应链剧本——不仅要解决今天的中断，还要解决未来的中断。而要缓解这些风险，首要方法就是加强弹性（或复原力）和敏捷性。

步骤1：打破运营孤岛

要想构建互联的端到端价值链，需要打破职能领域之间的障碍，实现多功能协作。所有的职能团队，如销售和营销、工程和设计、研发、制造运营、采购、定价策略等必须协同工作，并了解每个团队为平衡、协作和透明的决策需要做的工作。

供应链中，职能团队各自为政，多半都不太可能推动变革。当前的中断表明，仅在这些孤岛内进行优化还远远不够，需要推倒这些定义孤岛的虚拟墙，让位于一个运营组织，该组织不仅包括SCOR（供应链运作参考，见图3-1）模型下的传统孤岛（仍然高度相关和有用），还包括以协调方式工作的供应链绩效的所有影响者。供应链影响者和利益相关者聚集在一起，只要建模和模拟，就可以确定如何解决市场和商业优先事项与传统供应链优先事项之间的不一致，并根据端到端价值链的总体优先级做出规划和执行决策，从而改善客户服务。

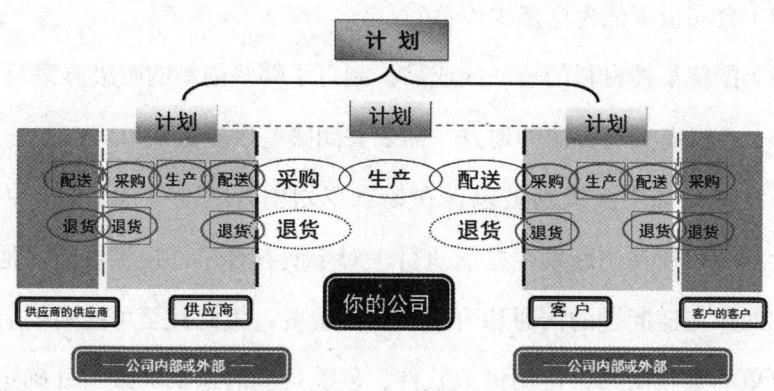

图3-1 SCOR模型

步骤2：制订应对供应链可能中断的计划

中断计划的制订需要考虑这样几个因素：对供应链破坏程度进行分级；定义每级中断的业务战略，就每级中断发生时如何与其他职能部门协调资源阐明原则，设计缓解计划，以便在供应链中断发生之前执行；使用模拟软件，创建可能的未来场景，并确定供应链薄弱环节或响应差距可能存在的地方。此外，为了确保中断计划的可靠性，还要定期更新软件和测试中断计划的有效性。

中断计划应与每个客户细分市场对服务水平的不同需求相匹配，每个中断场景都应预先确定特定客户细分市场的特定服务。例如，某些客户细分市场可能具有高度优先级，因此不会出现订单积压，而其他客户群体可能提供有限的产品或服务组合。为此，需要解决这些基本问题：

（1）供应链中断来源于什么？

（2）这些措施的潜在影响是什么？持续时间有多长？

（3）供应链中断的情况下，如何提升公司敏捷性？公司员工是否具备适应敏捷性交付的能力？

(4)公司最多能生产多少库存？

(5)围绕某种材料的短缺或成品，制订了哪些创新的解决方案？

(6)在没有变通办法的地方，需要关闭哪些供应链缺口？

一旦场景和中断级别被包含在场景规划中，就能设计出缓解（或变通）计划，以便在中断发生之前执行。对于所有客户，提供可能对他们造成影响的供应链问题的沟通和可视性非常重要，为此甚至可能需要启动合同或订单的重新谈判，使用模拟软件，创建可能的未来场景，并确定薄弱环节或响应差距可能在哪里。

步骤3：实现端到端、无缝连接和实时可见性

设计一个连接平台，就能实现更快、更准确（和先发制人）的响应，创建对供应链和价值链的实时态势可见性，包括对所有多层供应商网络、基于工业4.0（见图3-2）的运营和能力、智能仓库和配送以及客户网络实现实时或近实时可见性。此外，人工智能、机器学习和预测分析还能帮助制造商准确预测"假设的"中断场景，除了供应链中，在互联的智能工厂和仓库中同样如此。

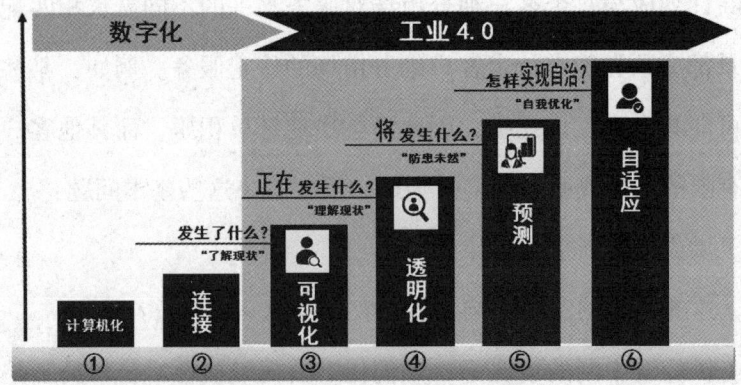

图3-2 工业4.0成熟度模型

步骤4：重新设计一个可提高灵活性和效率的弹性网络

制造商有针对性地离岸和离岸选择，就能缩短反应时间，减少对货币波动和全球贸易政策变化的影响，降低多航段和多模式货物移交的风险，以及全球集装箱短缺和港口限制带来的风险。然而，这些成本都很高，需要在重新配置足迹和供应商网络所造成的成本增加与更大的弹性和敏捷性的潜在好处之间取得平衡。

重新整合供应商和制造中心辐射网络，使用压力测试模拟软件，就能揭示新的库存策略和供应商机会，识别故障点，保持合理库存并提高产能。

步骤5：增加供应商战略的弹性

对于许多制造商来说，重新检查所有物料清单并应用新策略来优化管理，变得越来越重要。他们需要重新审视每一个SKU，并在SKU层面上对传统供应商策略提出一些尖锐的问题。许多制造商别无选择，只能寻找新的供应商。

此外，增加供应链弹性，还需确保企业及其供应商运营部门实施最严格的网络保护协议。目前，企业遭受的网络攻击日益增多，连一些大公司都不能幸免。

步骤6：提高员工的复原力

辞职潮、远程和混合办公、工资上涨和工人短缺都给制造商的供应链带来了压力，特别是高度依赖于现场劳动力的制造商。随着新技术在运营中的应用，员工应该更加敏捷，采用这些新工具，就能提高应变能力和绩效。因此，制造商应该加大员工的再培训力度，包括提高数字技能和强调持续学习；此外，新员工还需要接受高级培训来使用这些工具，以减少重复性和低价值任务的负担，并腾出时间专注于高价值的工作。具体方式有：采用先进机器学习的机器人和联合机器人、具有自主或半自主材料移动的智能输送机和智能仓库，或者采用增强和虚拟现实工具。

步骤7：简化和协调

如今，许多制造商的产品和服务投资组合已经扩大并引入了新的复杂程度和激增的SKU，有些设计和工程团队甚至还推出了越来越复杂的产品。

简化和协调产品设计，可以为生产过程合理化和提高产量创造机会规模。如此，就能识别产品系列之间的共性，使这些共性可以通过生产的平台化和模块化来提供合理化；反过来，可以让制造商增加产能。

三、认证供应商，全员都是数据生产者

供应商认证是供应链管理中标准化程度比较高的工作之一，其中，基础认证和体系认证的标准化程度尤其高，在多数供应链信息系统中都有比较成熟的管理方法，较不容易标准化的是样品认证。因为样品认证涉及很多个性化的实验设计和数据保存。

1. 供应商认证的原则

供应商认证共包括两部分，挑选供应商和认证供应商。

认证之前，首先要确定认证的目标，挑选符合事先确定的供应商策略的供应商。如果条件允许，应尽量选择"门当户对"的供应商。所谓门当户对，是彼此的合作意愿相当或者吸引力相当。

选择了目标供应商后，就进入认证阶段，这里要坚持三个重要原则：

（1）标准明确。即有清楚的、可执行的评估和认证标准。供应商评估应有不同严格程度的级别，但针对每一个级别的评估，都应有明确的配套

标准，分别是：资质标准、质量检测标准和体系标准。

（2）多维协同。在供应商评估过程中，需要对供应商的各个方面进行评估，由各专业部门完成不同方面的评估，比如，SQE（Supplier Quality Engineer 的简称，即供货商管理工程师）完成质量相关的评估、采购或物料计划完成交付相关的评估等。

（3）分级认证。针对不同重要程度物资的供应商，应制定不同的严格程度的认证方式。不过，虽然认证方法越严格，就越能保证质量，但付出的成本也会越多，认证周期也会越长。所以，在选择认证级别时，一定要考虑物资品类的实际需要，在效率和风险间做最好的平衡。

2. 供应商认证的等级

不同品类的物资，对采购方的重要性不同，对应的供应商的认证级别也不同，越重要的物资品类的认证方法越严格。常见的认证级别有三种。

（1）基础认证。指的是只要提交了基本的合法性营运资料，经采购人员初步判定为可满足使用要求，就可以下试验性订单采购。这种方法多用在非生产性物料上，比如办公用品、劳保品、普通工具等。

（2）样品认证。指的是通过对供应商提供的样品进行检验测试，确定供应商产品对需求的符合程度。在三个级别的供应商认证中，这种方式用得最多，通常用于生产性物料、关键设备的备件等对企业产品品质有重大影响的物资品类上。

（3）系统认证。指的是在样品合格的基础上，对最影响供应商服务质量的管理体系做进一步的评估和认证，以确保其大量生产时的品质和所提供样品的品质保持一致。在供应商的各种管理体系中，对服务水平影响最大的是两类体系（见表3-1）。

表3-1　系统认证体系说明

体系	说明
质量体系	主要是指管控所有与产品品质相关的作业的体系，比如，我们熟悉的ISO900X、TS16949、TS13485、AS9000等认证，都是某种形式和严格程度的质量体系认证。供应商拥有此类认证，尤其是其认证是由劳氏、SGS、TUV等认证机构完成的，其质量体系就相当有保证
交付体系	主要是指供应商自身如何管理销售订单的交付，包括供应商怎么做订单评审，怎么做物料计划，怎么管理自己的供应链，怎么排程排产，怎么管理成品发运，等等

有些体系认证不仅包含了上述两个方面的内容，还已经有了更成熟的认证方法可遵循，比如很多企业发布的PPAP（生产件批准程序）认证要求，就是这样的体系认证方法。

系统认证，最常见的方法就是审核供应商是否做到了"说、写、做"一致。"说"是指对于一个作业方法，供应商的相关人员口头描述的正确做法是怎样的；"写"就是SOP上是如何规定的；"做"就是工作完成后的各种证据（包括单据、报告等）是怎样记录的。当"说写做"三者一致时，就说明整个系统是受控的。在受控的系统中，通过调整机制，就能有效保证结果。

在三种级别的认证中，基础认证是最容易的，但仅覆盖对产品没有太大影响的物资品类。采用系统认证，通常都要在样品认证通过的基础上进行。一旦系统认证通过，对象所供物资品类对企业来说就非同一般，这个供应商就可能会被定为长期战略供应商，将来会有多方面的深度合作。

四、数字孪生、算法驱动和柔性供应链

1. 数字孪生驱动供应链

数字孪生是通过数字化方式创建物理实体和过程的虚拟代表，借助历

史数据、实时数据和算法模型等,实现对物理实体全生命周期过程的模拟、验证、预测和控制。该技术能在一张底图上将割裂断点的各供应链要素集成起来,并按照应用需求将各条线能力进行协同,供管理者以"上帝视角"进行预测、规划和管理,能有效解决供应链网络结构分散、环节复杂等痛点、难点问题。

数字孪生供应链是物理供应链的数字模型,通过集成供应链及其运营环境的所有数据,与现实供应链实现双向、实时和长期的数据链接,提高了供应链的可持续性。

(1)数字孪生供应链的基本特征。

数字孪生供应链的基本特征如下(见表3-2):

表3-2 数字孪生供应链的基本特征

特征	说明
智能化预测	数字孪生供应链通过预测分析感知未来,使决策者可以"用不同条件测试未来不同状态下系统的运作情况",并以此为参考优化大规模决策,帮助供应链应对潜在风险,满足智能化运作需求
全链路数字化	在数字孪生供应链中,物理供应链可以通过智能传感器或在线系统连接,使数字模型反映真实静态属性和动态业务,在供应链中将所有物流实体紧密连接起来,构建起供应链全局信息网络
全渠道可视化	数字孪生技术实现了实时数据的及时同步,可以追踪供应链中实体、财务和信息流动,提高了供应链的可视性,便于管理者掌握生产、库存、物流和营销等各环节的实时情况。数字孪生供应链可以将人工智能、云计算、边缘计算、AR、VR、5G及物联网、区块链等数字化技术融入整个生产制造产业链、价值链,为管理者提供一个整合不同供应链运行阶段的全面视图,协助企业进行数字化转型,全面赋能产品研发、物流运输、经营销售等
全流程可调控	数字孪生供应链在各环节中实时同步的数据为快速检测变化、分析机会和威胁、快速模拟、做出最佳决策并优化供应链运作提供基础,辅以机器学习、运筹优化、全链路仿真优化等技术,在业务场景中发挥价值,可以满足业务流程优化调控需求

（2）数字孪生供应链的网络组成。

数字孪生供应链的网络，包括以下几个组成要素（见表3-3）：

表3-3 数字孪生供应链网络组成要素

要素	说明
供应链网络核心	数字孪生供应链网络核心可以视作集成的数字化供应链综合平台，或者数字化供应链控制塔
数字计划孪生	数字计划孪生支持将传统模型和分析相结合的模拟计划数字化，转型为计划分析和模型分离的数字化计划，从而协调整个供应链和组织的计划决策，使各层面的供应链计划达到同步
数字客户孪生	数字客户孪生包括客户的身份数据、公司数据、社交数据，有关供应链行为以及可能的客户画像模型。这些数据通过客户的感知，可以被数字客户孪生系统分析和实时更新，使供应链达到以客户为中心并给客户提供最佳服务
数字制造孪生	数字制造孪生描述了整个智能制造数字孪生的内涵和功能，包括智能制造三大要素，即数据、模型和服务
数字供应孪生	数字供应孪生使供应网络能够运行包含相同供应实体、参数和财务目标的并行版本，可以分析需求可能上升或下降的水平，安排替代供应，或测试不同地区的促销活动，以最快捷的方式塑造需求
数字开发孪生	数字开发孪生包括一个具有高级分析能力的产品开发的数字云平台，每一个设计的物理产品，都具有一个与之对应的数字产品孪生，这个数字产品具有所有物理产品的特征数据。产品数据输入平台系统，可与相对应的数字产品孪生运行在一个数字仿真的环境，在虚拟环境中进行一系列实验，就能采用现代数字技术对实验数据进行分析，并结合历史经验数据和知识，不断修正产品设计的参数，解决列举的设计要求
数字履约孪生	在数字孪生供应链中，物理供应链通过智能传感器与在线系统连接，数字模型能够反映真实静态属性和动态业务，实现供应链中所有物流实体的紧密连接，构建供应链全局信息网络

2. 算法驱动供应链

数字化浪潮中，企业供应链正朝着需求响应更快、协同效率更高、数据更加开放的方向演进，以运筹优化和机器学习为基础的智能决策技术应用将加速供应链的重构,成为提高企业供应链水平的着力点和落脚点。

在数字时代,处理海量的信息,依赖算法。算法供应链是未来供应链的发展趋势之一,其定义为使用复杂的数学算法,推动供应链改进决策和流程自动化,创造商业价值。

华为供应链利用组合优化、统计预测、模拟仿真等技术,构建供应链核心算法模型,并应用到资源准备、供应履行、供应网络和智能运营四大核心场景中,大幅提高了供应链运作的智能化水平。比如,在资源准备的场景中,华为供应链面临着千万级数据规模,亿级计算规模的复杂业务场景,但华为基于线性规划、混合整数规划、启发式算法等求解方法的组合,构建了从器件、单板到产品、订单之间的双向模拟引擎,在错综复杂的产品结构树和供应网络节点中,能快速找到资源准备的最优解,实现了供应能力最大化,同时实现了存货可控。

3. 柔性供应链

柔性供应链是指具备能够根据顾客需求快速做出反应能力的供应链。需求的变化是供应链上的各环节都客观存在的一种现象,企业与企业之间或企业与消费者之间,需求的不确定性提高会加大供应链管理的难度和成本。那么,柔性供应链"柔"在哪儿?

(1)流程柔性。流程柔性主要体现为(见表3-4):

表3-4 流程柔性体现

体现	说明
制造系统柔性	能够快速应对外部环境变化,在现有的资源条件下,低成本快速地生产出满足顾客和市场需要的质量优良的产品

续表

体现	说明
物流系统柔性	在外部环境条件变化的情况下，以合理的成本水平采用合适的运输方式，在合适的时间和地点，收集和配送合适的产品或资源，并提供合适的服务
信息系统柔性	柔性供应链的子系统能够及时作出调整，适应由于供应链极强的动态性，在供应链各层面引发的重组或重构带来的变化
供应系统柔性	供应系统柔性是指供应链能够适时调整生产计划，改变零件或产品的产量、种类、组合，以满足合作伙伴或顾客的需要

（2）经营管理柔性。柔性经营管理主要体现在（见表3-5）：

表3-5　柔性经营管理体现

体现	说明
研发柔性	研发柔性是指针对外部市场环境的变化，以合理的成本水平，迅速开发出满足顾客新需要的不同种类新产品的能力
组织柔性	组织柔性是一种动态的、扁平化、网络化的组织结构，可以根据外部环境的变化做出相应的调整。不同于传统企业的刚性组织，组织柔性具有更大的灵活性和适应性
战略决策柔性	战略决策柔性主要体现在能够及时适应外部变化，做出适合这类变化的、并没有太多约束条件的、不僵硬的战略决策
文化柔性	适应柔性供应链要求的新型柔性文化体系是不死板的、不僵化的、灵活变通的文化体系，每个员工都可以积极适应变化，而不是一成不变

五、内外集成，优化供应链的设计和运营

如何优化供应链的设计和运营呢？

青岛啤酒股份有限公司（简称"青岛啤酒"）是中国历史悠久的啤酒制造厂商，2022年品牌价值为2182.25亿元，连续19年位居中国啤酒行业首位，位列世界品牌500强。2021年青岛啤酒厂成为全球

首家啤酒饮料行业工业互联网"灯塔工厂"。

2022年,青岛啤酒与蓝幸软件展开共同协作,借助蓝幸软件的智能化决策中台产品,以青岛啤酒供应链实际业务需要为出发点,共同打造符合青岛啤酒业务要求、具有青岛啤酒特色的智慧供应链决策中台系统。该中台的建设目标和要求共有四点:供应链决策数据的标准化、供应链决策数据工作流的自动化、端到端的供应链计划和优化、供应链决策的可视化。

(1)供应链决策数据的标准化。青岛啤酒依托蓝幸软件的供应链决策中台中所需要的决策框架,实现了以下功能:将供应链主数据标准化;对端到端供应链路上发生的各项成本进行了标准化;将供应链上的节点,如产线、仓库等的限制进行了标准化;业务规则的标准化,极大地提高了决策和计划落地执行的可行性。

(2)供应链决策数据工作流的自动化。在建立了供应链数据标准化库后,通过自动化工作流的搭建,提高常用的计划类决策场景、决策模型的搭建效率。

(3)端到端的供应链计划和优化。结合供应链智能决策平台,不仅可以高效精准地保证供需平衡,还能综合考虑端到端供应链路上生产、物流、原材料采购等成本,直接形成端到端成本最优的计划方案,并协同各部门达成一致。

(4)供应链决策可视化。青岛啤酒依托蓝幸SCATLAS供应链决策中台,统筹成本最佳的产销计划并落地,有效提高了青岛啤酒供应链运营效率。此外,青岛啤酒还利用决策模型的优化方案,有效降低了运输环节的碳排放。

供应链管理是工厂成功的关键。那么，如何提高工厂供应链的有效供应呢？

1. 建立紧密的合作关系

与供应商、承包商和物流伙伴建立稳固的合作伙伴关系，不仅有助于确保工厂获得高质量的原材料，按时交付，还可以降低潜在的生产中断风险。

2. 使用先进的库存工具

库存管理对成本控制至关重要，不要过度储备库存，否则会占用工厂的资金和仓储空间。相反，通过数据分析和需求预测，就能确保工厂的库存水平始终处于最佳状态；使用先进的库存管理软件来监控库存，自动化库存报警，就能在需要时采取行动。

3. 采用技术工具

现代供应链管理不仅依赖于纸张和电子表格，利用供应链管理软件和物流技术，还可以实时跟踪库存、订单和交付进度，提高生产的透明度。这些工具提供了关于库存和订单的即时信息，可以更好地管理库存和提前解决潜在问题，大大减少人为错误的风险。

4. 优化物流

选择合适的物流方式和服务供应商，不仅能确保货物安全、按时送达，也能尽量降低运输成本；合理规划运输路线，减少运输费用，有助于提高物流效率，例如，使用集装箱，能减少物流成本；与物流供应商建立密切的关系，工厂就能获得最佳的运输费率；同时，为了降低对环境的影响，可以使用可持续的物流解决方案。

5. 应对风险

在供应链管理中，风险管理至关重要，具体方法有：识别潜在的供应链风险，如天气问题、政治不稳定或全球事件；建立风险管理计划，以便发生危机时快速采取行动；多样化供应商和物流路径，降低对单一故障点的依赖；备份供应商，帮助工厂应对突发情况，以确保生产持续顺畅；为了避免不必要的风险，要紧密关注国际贸易政策和法规的变化。

6. 持续学习

供应链管理是一个不断演化的领域，持续学习和关注行业趋势，工厂的供应链策略就能与时俱进。比如：参加培训课程、研讨会，和同行交流经验，提高工厂的供应链策略；跟踪新技术和工具，确定它们是否适合工厂的业务；积极参与供应链行业组织，获取最新的信息和最佳实践。

7. 供应链可视系统

建立供应链可视化系统，是提高供应链协同效能的重要一步。通过数据仪表板和实时监控，管理层可以清晰地了解整个供应链的运作情况，包括生产、物流、库存等信息，有助于管理层迅速识别潜在问题，及时采取措施，提高决策效率。通过可视化，不仅可以实时掌握供应链的状态，还能更好地协同各环节，从而确保整体运作的流畅性。

8. 智能需求预测与需求规划

需求预测首先是公司层面的集中预测，兼顾关键销售人员的职业判断，提高预测的准确度，且随着供应系统越来越要求智能化、数字化，引入智能预测和需求规划工具，进一步提高供应链效能。通过大数据和机器学习等技术，工厂就能更准确地预测市场需求，避免生产过剩或产品缺货的情况，不断提高库存周转率，并为生产和采购提供更精准的指导，让工厂能够更灵活地调整生产计划，使之更贴近实际需求，提高资源利用效率。

9. 可追溯性与质量管理

追溯系统不仅有助于快速定位问题源头，提高产品质量，还能在出现问题时迅速采取补救措施，减少损失；强化质量管理，不仅可以提高产品的竞争力，还能增强供应链的稳定性和可信度。因此，要建立完善的产品追溯系统，确保供应链的每个环节都可以追溯产品的来源和去向；同时，还要加强质量管理，减少次品率，以提高客户满意度。

10. 制定灵活的供应链策略

制定灵活的供应链策略是确保供应链能够适应市场变化的重要举措。灵活的生产计划、库存管理和供应商合作策略，可以让供应链更迅速地适应市场的需求变化；通过灵活的策略制定，工厂可以更好地应对市场波动，降低库存风险，提高资源的灵活配置能力。

综合上述，优化供应链管理不仅可以提高工厂生产效率，也能使供应链更为灵活和高效，保持企业在市场竞争中的稳健性和可持续性。

六、从精益管理到实时数据供应链管理

1. 精益管理

"精益供应链"是近几年国内制造业热议的一个话题，国内的大型装备制造业也在纷纷探索自己的精益供应链之路，希望通过学习和借鉴优秀企业独特的供应链模式，实现自己企业的卓越运营。

从精益的视角来看，供应链管理的定义是：供应链管理涵盖所有活动的计划与管理,这些活动包括资源获取、采购、转化以及物流管理。此外,供应链管理还包括一个关键内容,即跟渠道伙伴的协调与合作。这些渠道伙伴可能是供应商、中间商、第三方服务提供商和客户。

精益供应链是一种基于精益管理原则的供应链管理方法,推行的基本理念是"将供应商视为自己的事业伙伴,共同成长",应真正将供应商看作企业的一个前序车间,旨在通过减少浪费、提高效率和质量,实现供应链的优化和协同,以满足顾客需求,提高企业竞争力。

精益供应链主要有这样几个特点:

(1)浪费消除。精益供应链管理,可以消除供应链中的各种浪费,比如:库存过剩、时间等待、运输延迟、不必要的运输、过度加工等。通过优化流程、精确的需求预测和库存管理,减少浪费,提高资源利用效率。

(2)价值流导向。精益供应链管理关注整个价值流,从供应商到顾客的端到端流程,强调对价值流的可视化和理解,这可以更好地识别和改进供应链中的瓶颈、延迟和浪费。

(3)协同合作。精益供应链管理鼓励供应链各环节之间的紧密合作和协同。通过共享信息、计划和目标,供应链各参与方可以更好地协同工作,减少不必要的库存和延迟,从而提高响应能力和顾客满意度。

(4)持续改进。精益供应链管理强调持续改进的文化和实践。使用精益工具和方法,如持续改进循环(PDCA循环)、价值流映射、5S整理、标准化工作等,就能不断地改善供应链流程,提高供应链效率和质量。

(5)弹性和敏捷性。精益供应链管理注重建立弹性和敏捷性,以应对需求变化和不确定性。通过灵活的生产和供应计划、快速响应和供应链风险管理，来提高供应链的适应性和灵活性。

（6）顾客导向。精益供应链管理将顾客需求放在首位，以满足顾客需求为导向。通过准确的需求预测、及时交付和优质的顾客服务，提高顾客满意度和忠诚度。

总体而言，精益供应链管理通过消除浪费、优化流程、协同合作和持续改进，能实现供应链的高效运作和顾客满意度的提高。它强调整个供应链的价值流导向和顾客导向，可以实现业务的持续增长和竞争优势。

2. 实时数据供应链管理

虽然高效的物流效益迅猛发展，许多公司已经意识到了高效供应链管理解决方案的真正价值，以及其在平衡有效的全球运营和客户满意度中的作用。比如，增强企业的供应链，可以改变企业内的业务运转，为企业提供比以往更快、更准确、更有效地运作所需的数据分析和方法论；可以帮助企业迅速查看到供应链的有效性，以保持良好的运行状态。

实时供应链可视性的优点如下：

（1）需求更新。为公司提供对潜在延迟、趋势和放缓的透明可见性，使它能够在意外险情发生并影响客户满意度之前做优化改善，及时止损。

（2）战略性工作流程。这样做，不仅对具有季节性产品趋势的公司特别有利，其他公司也能在需求和工作流程的调整能力中受益，适应随着时间变化的截止日期。

（3）改进服务。访问实时供应链信息，就能以更高的速度，为客户提供相关运输状态的更新。

（4）识别低效率。供应链中的透明性可以快速识别低效率，并在最有效的时候实施解决方案。

（5）更好的长期运营。不仅可以帮助企业识别短期短缺，还可以了解企业长期的运营问题。

总之，将实时信息整合到企业供应链中，企业就能更早地发现并改进优化效率的方法，从而更好地防止生产出错，并挽回客户的负面印象。

第二部分
化解数字化供应链难题

第四章 浪涌式需求对供应链计划的挑战

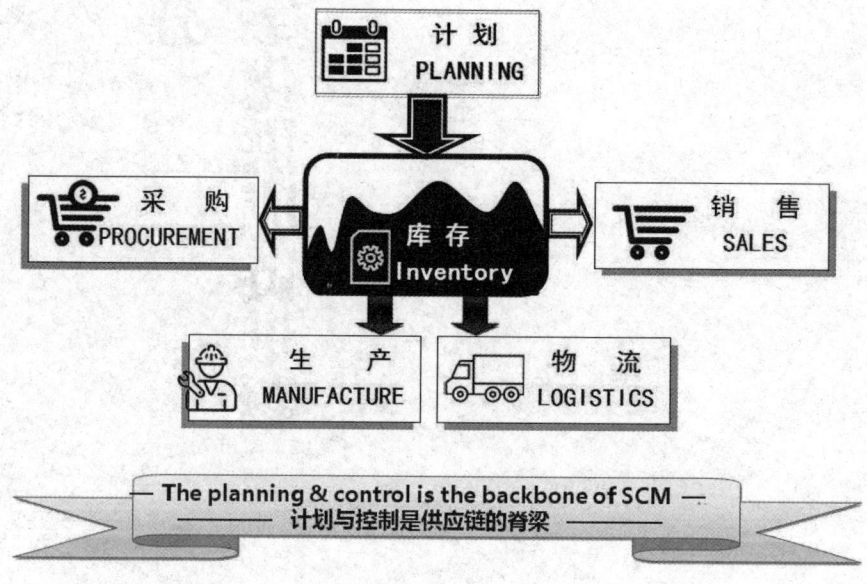

图4-1 供应链体系

一、制造业刚性和复杂供应链的计划难题

面向不同问题,按照权重分析解决供应链难题,构建数字化供应链。

围绕十个最重要的数字化供应链问题,将次要问题放在主要问题里进行解决。

项目式学习,解决具体问题。面对复杂系统,分出解决问题的轻重缓急。

分析数字化供应链的时候，选择复杂的生产制造企业的一般流程进行分析。

对于很多简单供应链来说，复杂度其实是制造业企业的一个分支。

制造业刚性和复杂供应链的计划难题如下：

（1）采购计划安排必须要解决供应链的完整性和可见性。

这涉及以下几个子问题：

供应链系统如何获得完整、准确和及时的供应链信息？

如何根据数字化供应链做计划？

难以预测交货时间，如何解决链条的确定性？

库存管理困难如何解决？

（2）采购经理如何评估供应商？评估会涉及人、事和风险的复杂过程。

这涉及以下几个子问题：

如何选择、评估和管理供应商？标准是什么？

基于地理因素的供应商困难如何解决？

供应商能力评估挑战是什么？

供应商合作关系管理，如何建立企业产业链联盟体系？

（3）如何在保持供应链能力提高的同时进行成本控制？

这涉及以下几个子问题：

在保证质量的前提下，如何控制成本？

如何应对价格波动、原材料紧缺、运输费用增加等因素？

如何进行供应链联盟和供应链金融建设？

（4）在动态环境中，如何控制供应链风险？

这涉及以下几个子问题：

评估企业的供应链中到底有哪些风险？

由谁来制定有效的风险管理策略？

对于物流延迟、供应商倒闭、自然灾害等问题，制定了怎样的应对预案？

（5）采购部门与企业不同部门之间如何进行协同和沟通？

这涉及以下几个子问题：

采购部门如何与生产部门及质量控制部门进行沟通？

国际国内典型的数字化供应链工具有哪些特点？

采购部门如何充分利用信息中台，实现和外部供应商的无损耗沟通？

由于涉及复杂的质量、现金流、信用和时间点，采购部门如何平衡多方利益？

（6）采购部门如何作为企业的供应链数据生产者？

这涉及以下几个子问题：

战略部门、企业数字化部门和采购部门的数据生产流程如何打通？

数字化供应链管理者如何进行采购数据的融合？打算使用什么样的工具？

作为数据生产者，采购部门如何保证数据的质量和一致性？

（7）数字化组织是企业的一种深度的组织变革行为，采购部门如何有效参与企业变革管理和组织文化建设？

这涉及以下几个子问题：

采购经理如何带领团队进行数字化采购变革？

如何适应新的工作流程和技术工具，培养数字化技能和意识？

（8）采购经理如何参与企业的资源管理？

这涉及以下子问题：

数字化供应链如何与精益管理结合，实现短钱短用、长钱长用，在资源条件有限的前提下，合理分配采购资源？

（9）采购经理的价值洞察：如何带动企业进行创新和技术更新？

这涉及以下几个子问题：

供应链新技术和上游技术变迁，面对新供应链商，是否该保持开放的态度？

作为运营流程的一部分，采购部门对于运营流程的创新贡献是什么？

作为企业对外的部门，对于行业趋势和新技术，采购部如何评估并增强管理系统？

数字化采购和供应链生成的大量数据，如何进行有效的分析并提供有价值的见解？

企业为何要建立适合自己供应链数据分析能力和特点的工具？

ERP系统、供应链管理软件、电子采购平台等，如何剪裁打造一个属于自己企业的整合型工具？

（10）如何解决采购部门和数字化供应链的合规问题？

这涉及以下几个子问题：

为了防止采购部门的职业腐败行为，企业如何使用数字化流程？

在采购流程中，如何做到用数字化监督过程实现低成本合规？

数字化采购部门如何进行数据安全管理？

二、制造业企业的供应链管理和物料管理

1. 制造业企业的供应链管理

供应链管理是一个广泛的领域，涵盖了产品创造、优化和分销

的所有流程和策略,包括需求规划、库存管理、物流、采购和供应商管理,执行供应链中从供应商到最终用户的物流、计划和控制等职能。

(1)供应链管理的主要内容如表4-1所示。

表4-1 供应链管理的主要内容

内容	说明
需求规划	供应链管理流程从弄清楚客户想要什么产品开始,此阶段涉及供应链计划的早期阶段,而供应链计划从需求计划开始。所谓需求计划,就是收集历史数据,通过分析和统计建模,制订销售部门和运营部门可以达成一致的需求计划。通过该计划,可以预判要制造的产品的类型和数量,避免库存出现严重短缺或过剩等情况
生产计划	在生产计划中,公司确定了需求计划中要求的产品制造细节。生产计划也可用于其他行业,如农业、石油和天然气,可以优化投入生产资源,使它们响应需求的变化
物料需求计划	物料需求计划的核心是物料清单,这是制造产品所需物料的完整清单,可以整合任何行业公司的主要业务流程
库存管理	从制造工厂的原材料到零售店的包装商品,库存管理不仅可以确保原材料或商品充足供应,还能减少时间和成本的花费
采购	所谓采购,就是寻找商品供应商、管理供应商并最小成本地获取商品,这是供应链管理的一个主要环节。供应链中的多数参与者都是专门的采购人员
物流	物流涵盖货物的运输和存储,从将零件和原材料交付给制造商或加工厂,到将成品交付到商店或直接交付给消费者,物流管理贯穿整个物流流程

(2)提高管理质量的方法。随着市场竞争的白热化,制造企业开始从各个节点提高管理质量,具体方法如表4-2所示。

表4-2 提高管理质量的具体方法

方法	说明
战略一致性	确保供应链战略与组织战略保持一致,确定投资哪些技术和功能,增加竞争优势,推动业务增长
效率最大化	重新定义新规则和流程,对运营进行衡量和改善,重新评估资源分配,在大数据分析的基础上了解更多流程信息,作出明智决策,使工作人员和机器整体效率达到最大化
各阶段合理安排	想要了解产品、资产、人员和流程等,就要实时监控其在配送中心和仓库、生产线等特定阶段的进展情况,发现潜在问题,推进各阶段的合理安排
系统透明化管理	对整个供应系统进行透明化管理,在厂商、合作伙伴和其他生态系统利益相关者之间建立紧密联系,为产品和资产分配不同的人员和技术,推动价值链的升级,使整个供应系统更加协调

在快速变化的市场环境中,企业要想适应市场需求并获得全新竞争优势,就要提高市场响应能力;掌握市场的真实需求,快速推出适合市场的产品,通过更高的透明度和对产品使用的深刻见解,提供超出常规产品的增值服务。

2.制造企业的生产物料控制

生产物料是制造企业的成本控制核心之一,一般占到总成本的50%以上或更高。

(1)制造企业生产物料控制要求。合理的物料管理可以帮助企业提高生产效率,降低成本,增强竞争力。在物料管理中,要坚持如表4-3所示原则。

表4-3 物料管理原则

原则	说明
适时管理	适时管理,是指确保物料供应和使用与实际需求相匹配,企业要根据生产计划和销售情况合理安排物料采购和库存管理。过早采购或过多储存物料,都会引发资金占用增加、库存积压等问题;而物料过晚采购或不足,可能会导致生产线停滞、交货延迟等问题。只有适时管理,才能避免资源浪费,减少库存风险,提高运作效率和客户服务水平

续表

原则	说明
适质管理	适质管理,是指确保物料的质量符合产品制造的要求,选择合适的供应商,建立健全物料质量管理体系,对物料进行严格的检验和监控。如果物料质量不稳定或不合格,就会导致产品质量下降、生产线故障等问题,增加返工和废品处理的成本。适质管理可以帮助企业降低质量风险,提高生产效率和产品质量
适量管理	适量管理,是指确保物料采购和使用的数量与实际需求相匹配。企业要准确预测市场需求,精确计算所需物料量,并遵循经济订货批量原则合理安排物料采购。过多的物料采购,不仅会增加资金占用和库存风险,也可能导致过期和报废的问题;而过少的物料采购则可能导致生产线停滞、交货延迟等问题。只有适量管理,才能帮助企业优化资金运作,降低库存压力,确保生产线的持续稳定运作

(2)传统物料控制方式的问题分析。生产物料控制的核心之一是物料齐套性管理,即在制造执行过程中按计划与需求对各生产过程节点的生产物料进行拣配,其核心主要体现在三个方面:一是物料齐套的种类与数量要与BOM(物料清单)保持一致性;二是物料齐套的时间与生产节点(工序)的加工时间相匹配,实现精益生产管理;三是生产物料的配送应做到高效快捷。简而言之,物料齐套控制就是将正确的物料在正确的时间以正确的方式配送至正确的地点。

在传统生产管理中,物料齐套控制常常会面临如表4-4所示的问题。

表4-4 物料齐套控制面临的问题

问题	说明
全局性齐套控制无法做到物料准备的精细化管理	在传统的生产管理中,以产品为中心进行全局性物料齐套控制,忽视了对物料准备的精细化管理,物料准备仅停留在产品的层面,缺乏对不同物料的详细考量。当某个物料出现短缺时,整个生产线就可能因此停滞,延误交货时间,甚至失去客户的信任。为了解决这个问题,企业应该转变观念,将物料准备提高到更加精细化的层面,分析产品的物料结构,了解各物料在生产过程中的重要性和使用频率,制订更加合理的物料准备方案

续表

问题	说明
物料齐套与物料库存管理脱节造成制造执行效率不高	在传统的生产管理中，物料齐套与物料库存管理脱节，会导致制造执行效率不高。为了解决这个问题，企业应将物料齐套与物料库存管理紧密结合起来，建立有效的物料库存管理系统，及时记录并监控库存量、消耗量和采购量等数据。同时，借助先进的技术手段，做到物料库存与制造执行系统的无缝对接，实现准确的物料齐套控制和及时的物料补充，提高制造执行效率
传统物料的供应机制无法满足精益生产的思想	从传统的人工零散领用转变为仓库拣配管理模式，可以提高生产物料供应的有序性和及时性，使操作人员专注于自己的生产加工操作，而不是将时间浪费在寻找物料上。为了解决这个问题，企业应该运用精益生产理念，通过数字化管理模式，采用基于二维码等技术手段对生产各节点所需物料进行拣配管理，提高生产物料供应的及时性和准确性

（3）渐增式生产物料齐套控制技术。为了提高物料齐套的控制精度和效率，渐增式生产物料齐套控制技术应运而生。该技术以制造过程为主线，可以将全局性齐套控制转化为过程性齐套控制，在生产计划的驱动下，以工序流程为节点，结合协同式库存管理与物料批次管理技术，引入智能物流配送方式，实现生产物料的渐增式齐套控制。

渐增式生产物料齐套控制技术的体系结构主要包括以下三个层次：

一是制造过程管理层。在制造过程管理层，企业需要建立一个完善的物料齐套控制策略。首先，要进行需求预测和计划。通过对市场需求的分析和预测，确定所需物料的种类和数量。其次，根据计划制定物料供应策略，包括与供应商的合作关系、采购周期等。再次，制订合理的物料仓储和配送计划也是必要的。又次，建立有效的信息沟通和协调机制，保证各个部门之间及时共享生产计划和物料需求信息，从而更好地进行物料齐套控制。最后，制定绩效评估体系，对物料齐套控制过程进行监控和评估，及时发现问题并采取相应措施。

二是制造过程执行层。在制造过程执行层，渐增式生产物料齐套控制技术的关键是建立高效的物料识别和追踪系统，使用条码、RFID等技术，对物料进行唯一标识，并实时追踪其位置和状态，提高物料的可见性和可追溯性，减少错误拣选和装配，提高物料齐套的准确性和速度。另外，要加强对物料库存的管理和控制，建立合理的物料仓储规划和动态调配机制，避免出现物料过多或过少的情况。同时，引入自动化设备和智能化系统，提高物料处理和分拣效率，降低人工操作的错误率。

三是制造库存管理层。在制造库存管理层，企业需要建立起一个科学的物料供应链管理体系。首先，要与供应商建立良好的合作关系，制定供应商评估和管理标准，确保供应链的稳定性。其次，实施合理的物料仓储和配送策略，根据需求及时进行补充和调整，避免因库存过多或过少而造成损失。再次，定期盘点库存，并对库存数据进行统计和分析，找出积压和滞销的物料，然后采取相应的措施对滞销物料进行处理，减少库存占用和经济损失。最后，建立一个有效的退货和报废物料处理机制也是非常重要的，可以帮助企业及时清理和处理不合格或过期的物料。

三、数字化供应链的风险预测和控制能力

供应链风险管理，对于企业来说是一个重大挑战。如今，供应链关系网越来越庞杂，其中的不确定因素超出了人工管理所能控制的范围，数字化供应链管理成了必备手段，而对供应链数据的分析与应用也就成了供应链风险预测和控制的关键。

虽然数字化供应链能给供应链各环节的企业带来诸多好处，但这些企业仍是市场中的独立经济实体，彼此之间仍存有潜在利益冲突和信息不对称问题。在这种不稳定的供应链系统内，各节点企业是通过不完全契约方式来实现相互之间的协调的，紧密性和诚信度不够，因此仍存在风险。

数字化供应链上的企业是环环相扣的，它们彼此依赖、相互影响，任何一个企业出现问题，都可能波及其他企业，进而影响整个数字化供应链的正常运行。物资经由供应链流经众多的生产流通企业到终端用户，会产生商流、物流、信息流，涉及运输、配送、仓储、装卸、搬运、包装、流通加工、信息处理等诸多过程，任何一个过程出现问题，都会造成供应链风险，影响其正常运行。

同企业一样，供应链系统有时也很脆弱，存在潜在的风险。供应链风险是一种潜在的威胁，不仅会给供应链上各环节的企业带来损害，也会给整个供应链造成破坏与损失。

1. 数字化供应链风险预测

数字化供应链可能遭遇的风险有：

（1）自然环境风险。这些风险主要包括：水灾、火灾、地震、雷击、风暴、海啸、冰雪损害、火山爆发、山体滑坡、外界物体倒塌及其他不可抗拒原因所造成的损失等。

（2）社会环境风险。社会环境风险主要有经济政策变化、地区文化冲突、政治事变、恐怖事件、危机事件、战争、公共紧急事件等，这些都会给供应链系统带来难以防范的风险。

（3）经济环境风险。比如，供应链上的企业间容易出现相互不信任和操作不规范行为，给企业带来信任风险；供应链核心企业的上游或下游企业仅采用独家供应商或独家渠道商的方式或策略，一个环节出现问题，整个链条就会崩溃。

（4）市场波动的风险。影响销售的市场因素是多方面的，由于市场机会的不确定性而导致的风险非常高，一旦出现不可预料的、不利的因素就可能导致销量下滑，从而使风险波及供应链各环节的企业，最终导致整个供应链都可能崩溃。

（5）供应链上下游合作企业的链接风险。供应链中各企业之间在经营管理水平、员工素质、企业文化、经营思路等方面都存在着差异，影响着供应链的整体竞争能力和获利能力，带来供应链企业之间的不稳定性与不确定性，从而增加供应链管理的风险。

（6）利润分配的风险。供应链中所有企业是一个利益共同体，在供应链整体利润保持一定水平的条件下，某些企业利润的提高，会导致供应链中其他企业利润的降低，从而出现消极合作甚至退出供应链的情况，最终影响供应链的正常运营甚至造成供应链断裂。

（7）信息系统的可靠性风险。在数字化供应链中，存在着信息系统的适用性及信息传递的风险。当供应链规模日益扩大、结构日趋繁杂时，信息系统与供应链企业的业务不匹配、信息传递延迟及信息传递不准确都会增加，从而使整个供应链陷入困境。

2. 数字化供应链的风险控制

数字化时代，数字技术成为控制供应链风险的有效手段。数字化供应链平台通过信息技术实现全链运行的可视化及协作的平台化，通过数据分析预测，强化对供应链的整体把控力，消除不确定性因素带来的供应链风险。数字化供应链的风险控制能力如表4-5所示。

表4-5 数字化供应链风险控制能力

方法	分类	说明
信息透明打破黑盒	全面获取信息	数字化供应链平台可以有效地把控市场需求变化，敏捷地进行需求预测修正，及时在生产、供应、库存管理等环节同步信息，实现信息的全面即时获取和传达共享
	供需平衡	数字化供应链平台链接上下游，将客户与供应商等角色拉进供应链体系中，使供需双方之间形成良好的对话机制，根据客户的需求和反馈来制订生产计划、库存管理计划、配送计划等，实现供需之间的动态平衡
	流程可视	数字化供应链管理平台通过供应链中各部分的传感器和设备获取实时信息，实现供应链全链运行的可视化，从而更好地对供应链进行实时监控，精准管理交货期，避免出错
一体协同全链共振	供应商管理	高效管理供应商，协调好供应商关系，是生产顺利进行的保障。数字化供应链平台可以实现对供应商的全面动态管理，包括对供应商的注册准入、认证、交易、绩效评估、违规、退出等过程进行有效管理和处理，做到全面把握供应商实力和能力，提高原料的供应保障能力
	物流管理	数字技术可以实现供应链的全链可视化，具体为可以实时传送数据和影像，实现各环节的实时监控，包括对订单、原料、运输、库存、产品、销售等的监控、追溯和调控，从而做到真实把控供应链物流
	共同目标管理	数字化供应链平台利用平台化优势，可以提高全链运行效率，降低总体成本，实现供应链整体效益的提高，链上进而提高企业的收益。这种获益源于全链协同优化，而不是合作企业之间的博弈
反应敏捷掌控市场	分析预测	通过对供应链运行数据的收集整理和分析，能够对供应链全链以及各环节进行系统、全局、客观、实时的把握，从而制定出符合供应链全链的最优决策，维护供应链的健康高效运行，使供应链变得更"智慧"

续表

方法	分类	说明
反应敏捷掌控市场	柔性能力	当下市场环境变化快,客户需求趋于个性化,对柔性生产能力的要求越来越高,通过数字化供应链平台,可以用更直接、更敏捷的反应速度获得需求信息,制订生产计划,与各部门协同进行设计、采购、运输、生产、销售,并获得市场反馈。能够以更智能的形态、更优化的资源配置方式,来应对柔性生产需求
	应变能力	应变能力体现为供应链能否敏捷地应对不断变化的市场环境。数字化供应链平台通过快速感知和响应市场,减少企业在供应链上下游产品和服务的调研成本与时间成本,全面调动多方资源并协调运行以降低资源占用成本、提高运行效率,以强大的数据和业务协同能力实现敏捷应变

四、通用产品链、选配链和定制链

1. 产品链

产品链是围绕产品做的数字化。

产品是企业竞争力的载体,是企业的安身立命之本,数字化转型,首要实现的是产品的数字化。以往的信息化建设,可能一上来就让企业上个MES(制造执行系统,是面向车间生产的管理系统),来个生产订单一键下达、生产任务自动上报,但这些方式只能解决无纸化问题,只是省去了生产调度员跑腿的工作量,而并没有触及产品生产工艺,得到的也仅是一些业务数据,如订单的开始时间、结束时间、完成进度等,虽然确实能提高生产制造的管理效率,但对于提高产品工艺、分析产品数据,帮助非常有限。

产品的数字化,不仅是产品的工艺信息数字化,更是围绕产品全生命周期的管理,包括将从营销侧收集到的市场需求转化为研发立项申请、产品试制、试制成功后的工艺转换、产品的批量生产，最后是产品的退役，有的行业可能还涉及产品的召回。

企业是一盘活棋，要考虑内部的功能联结。企业的营销、财务和运营三大职能不是互相独立的，而是密切关联的。因此，做产品链的设计时，要考虑产品链的数据如何给营销侧提供支撑、如何运营好新产品快递开拓市场、如何给财务侧提供数据支撑。

总的来说，设计产品链，可以围绕以下几个关键点进行：

（1）加速新产品研发。围绕客户需求，加快产品研发步伐，加大产品研发投入，是企业持续获取竞争力和发展的源泉。所谓产品链对新产品研发的立项管理，就是快速立项、快速试制，记录新产品研发的人员、资金物料的投入，记录产品研发成功率、产品投入产出的数据，从而让新产品研发流程更加顺畅。

（2）降低研发成本。在大数据技术越来越成熟的背景下，可以将产品研发过程中所产生的很多数据保存下来，包括不同材料的物理化学性能，材料在不同工艺、生产条件下产品的性能波动等供设计人员需要调取，减少设计人员的开发难度。

（3）降低生产成本。产品完成试制和工艺转换后，会形成一套产品检测标准。然而，对于产品管理来说，这还没有结束，还会有工艺变更管理，以及产品投入量产后的资料版本管理对这两个因素进行管理，可以有效减少产品质量问题，减少客户投诉，从而间接降低生产成本，增强企业竞争力。

总之，做好产品链管理，能够切实增强企业创新能力，降低研发和生产成本。产品链是企业数字化的基础，将"提高产品竞争力"这一目标贯穿于产品链的方方面面,才能真正柔性地生产出"质量好,成本低,交期短"的产品。

2. 选配链

为了满足市场个性化需求,企业会对具有巨大市场前景的产品形成系列化,做到快速响应市场与客户,增强企业和产品竞争力。对产品进行差异化、灵活性组合,能够为企业带来源源不断的利润。

(1) 互补产品挤占渠道。将不同品类的产品进行组合,就能互补拉动、挤占渠道,与终端建立良好关系。比如,某商贸公司在产品组合上合理利用了"互补"的优势,除了经营白酒,还选择了葡萄酒、啤酒、各种饮料等产品。中低档白酒和啤酒仍然以流通渠道为主,高档白酒主走当地的餐饮终端,部分葡萄酒产品和新引进的饮料是商超的主推品种。公司产品在渠道上进行"互补",不但降低了物流成本,还给下游商家提供了较齐全的货源,满足了下游商家多方面的需求。

(2) 以产品价格为维度。在同一市场、同一渠道、同一网点、同一类产品中,不同的消费者对不同价位的产品有不同的需求,经销商要在同一产品或同一细分品类的产品上配置不同销售价格的产品。比如,瓶装饮用水近似规格(450—550ml/瓶)已发展为零售1元/瓶、2元/瓶、3元/瓶、5元/瓶、8—10元/瓶……相同(或近似)品类不同价格的商品可以满足不同的消费者需求。将各档次分别配置,弱化低档次产品,维持中档次产品,引导高档次产品,不仅可以改善利润结构,还能增强终端对此类经销商的黏性。

(3) 周期产品合理配置。成熟期的产品一般收益较低,但成长稳定,在市场上拥有较高的认知度,可以保证经销商的持续稳健经营。这样的产品通常是知名度较高的品牌,有利于建设和维护一个覆盖率比较高的市场网络。成长期的产品，大多是刚入市和新选择的产品，是很好的利润来源。成熟期产品与成长期产品的有效组合，不但可以平衡风险与收益的关系，成熟产品衰退时，成长期产品也就进入了成熟期，由此形成产品成长梯队，保证销售状况不会大起大落，在规避与防范风险的同时，还能追求利润的最大化和经营的稳定性。

3. 定制链

定制链即产品的定制开发，是指用户群体通过介入产品的生产过程，获得与其个人需求匹配的产品或服务。于公司而言，定制开发有利于提高企业品牌品质和文化；于业务而言，定制开发是业务员的核心竞争力。

2023年8月，广州市工信局正式公布了广州市第三批"定制之都"示范名单。王老吉凭借产品定制的个性化服务，荣膺"定制之都"示范企业。王老吉定制罐的出圈，更多的是因为深挖了品牌，并洞察到国人对于姓氏传承的热爱，以及场景化消费的需求。通过创意定制，实现消费者和品牌、产品"玩"在一起的场景，为产品赋予情感意义和文化价值，让王老吉定制罐从常规产品变成了消费者与王老吉共创的产物。

（1）百家姓罐定制——融合传统姓氏文化。在春节期间，王老吉特别打造"百家姓罐"，形成了王老吉和姓氏文化的强绑定，营造了一种"春节仪式感"，让年味更为浓厚。这种仪式感，既有传统文化、传统年俗的根，又融合了国潮流行、吉祥向往的创意表达，用贴合当下消费者心境的创新式内容，共鸣国人心中对春节的纯粹渴望，让消费者打开王老吉，就像打开了新年好彩头；送出王老吉，就是送出了吉祥和祝福。这样的创意，让王老吉热度不断飙升，成为国人的拜年出圈好物。

（2）吉言罐定制——传递美好生活愿景。王老吉围绕"过吉祥年，喝红罐王老吉"的春节营销主题，针对大众在学业、家庭、财运、事业、身体和爱情这六大方面想讨好彩头的想法，推出吉言罐，为大家送上美好的新年祝福。这一举措满足了人们在春节期间传递祝福、祈求好运的精神需求，更符合了当代消费者个性化、定制化的消费诉求，让人们在潜移默化中加深了对王老吉品牌的认知，使其成为定制专属祝福的具象文化载体。

（3）吉庆罐定制——记录吉庆高光时刻。王老吉深挖日常生活中每一个值得纪念的小确幸场景，推出了定制吉庆罐。从举办婚礼、搬进新家、提案成功、备战高考再到私人专属场景，王老吉从不缺席消费者生活的每一个美好瞬间，给足消费者仪式感。王老吉用个性定制的形式与消费者碰撞出无限的想象，将生活美好之吉尽数珍藏。

通过产品定制，王老吉建立起与年轻消费者沟通和互动的专属语言。王老吉以定制化产品为抓手，不断强化与年轻消费者间的情感联结，为品牌沉淀忠诚用户。

产品定制开发可分解为以下四个步骤：

（1）市场调研。做市场调研，强调两个字：先和泛。其中"先"是时间的提前，捕捉趋势；"泛"是调研的对象范围，不局限于某个客户所在市场。这是定制开发的基础。市场调研要持续、定期开展。如果是固定项目开发，提前一个月定向调研。调研的资源囊括客户所在市场高、中定位的客户网站、行业领先机构、社交媒体，如 Instagram、TikTok、YouTube、展会资源等。调研的维度包括陈列、包装、价位、行业趋势、风格等。如有条件，实地考察店面或展会会更佳、更系统，可以及时查收资讯。通过市场调研，锁定某国家、某大市场、某客户的具体分类参考范围。

（2）理解需求。解读产品定制开发需从四个维度展开：一是趋势故事解读主题氛围，二是用户画像锁定目标客户，三是色系色卡确定用色，四是摘取核心锁定意向材质、造型、图案、款式。当然，最后还要制定合理的时间表来确保各环节的及时完成，实现开发的按时落地。趋势故事解释客户选择该主题的原因，通过提炼，总结出这一故事想要表达和传达给消费者的氛围及意义，运用到产品的设计上，形成自己的设计理念。用户画像着重了解各主题目标的用户年龄段、性别倾向、娱乐方式、收入水平、消费偏好，让企业更好地理解何种产品更适合该用户群体。色系色卡，即该系列产品呈现所使用的潘通色，是带给消费者的直观的感受。

（3）开发思路。对开发稿有了深刻、全面的认识后，通过提取，确定开发思路，落实到每一款产品的设计中。这个过程也是将设计思路与公司优势融为一体的过程。

（4）产品落地。从开发思路到实现迅速落地，不仅是"想法的实现"，更是开发中最考验人的环节，需要业务敏感、多虑、善变。这个环节随着分工精细化的趋势，更多地交予研发部门或采购落实，但业务作为核心环节，要明白落地难点，保持跟进，形成闭环。

五、模块式设计产品战略应对需求潮涌

什么是模块化设计？这种设计理论与实践，是为了取得产品系列开发

的最佳效益，从系统分解、组件封装的观点出发，研究产品（或系统）的构成形式。或者说，将系统功能划分为离散的、可扩展和可重复使用的模块。实际工作中，模块化的设计思路可以为产品带来空间、功能、色彩等个性化的定制，也可以满足生产的规模化、运输的便利性，并且通过零部件互换、替换可以带来产品创新和实现环保达标。

模块化既是一种设计方法，又是一种思维方式。模块化设计是将设计分解成小的模块进行独立设计，然后再将它们组合成更大的系统，就像小朋友玩的积木，将一些简单的零件组成小的模块，然后再组合成各种模型样式。通过模块的选择和组合产生不同的产品设计方法，以少量的模块组成尽可能多的产品。模块化产品具有多样性、组合丰富和可拆卸等特点。

模块化产品设计方法的原理是，在对一定范围内的不同功能或相同功能、不同性能、不同规格的产品进行功能分析的基础上，划分并设计出一系列功能模块，通过模块的选择和组合构成不同的顾客定制产品，来满足市场的不同需求。这是相似性原理在产品功能和结构上的应用，是一种实现标准化与多样化的有机结合及多品种、小批量与效率的有效统一的标准化方法。

在生活中我们到处都可以看到模块化设计的例子，比如汽车、电脑、家具等都是由一些零件组合成小部件，再组合成模块，最终变成成品的。这些部件可以更换、添加、移除而不影响整体设计。

模块化的宗旨是效益。它的最终目的是满足人们对多样化的需求和适应激烈的市场竞争，在多品种、小批量的生产方式下，生产最优的产品，实现最佳的效益。模块化的对象是产品或系统的构成，它不是研究和解决某一个孤立的产品、系统的设计或构成的问题，而是解决某类产品或系统的最佳构成形式问题,即系统由标准化的模块组合而成。

1. 模块化设计产品的优势

模块化设计产品的优势主要有以下几个:

(1)个性化。模块化可以方便地组合出不同的产品满足消费者的个性化需求。比如消费者可以选择不同颜色的宜家 LACK 方桌桌腿进行自由搭配,再比如定制的模块化手机,消费者可以按需选择更耐用的电池或是更高清晰度的摄像头等。

(2)更快启动项目。模块化产品的开发周期通常比非模块化产品的开发周期短,因为工程不是从零开始的,从测试到生产会更快,对新版本的调整也更快一些。而且按照收集到的好的反馈进行改进后,可以产生巨大的影响。

(3)更好的盈利能力。从长远来看,模块化意味着更低的生产成本,因为改进一个有缺陷的部件通常要比更换一个完整的产品更便宜。

(4)可持续性。更关心环境和碳排放的品牌会显得更友好,也更吸引年轻人。在健康、安全和环境法规变得更加严格的当下,由于部件的互换性,浪费少,因此模块化产品更容易升级,这表明模块化产品能够很好地助力企业实现可持续发展。

(5)易升级性。技术突飞猛进,更小的尺寸可以拥有更大的能量。从用户推广角度看,模块化设计产品拥有无限机会。更不用说,它们还塑造了产品开发的方向——朝着用户想要或需要的方向,而非基于改进信念的假设。

2. 产品模块化设计方法

产品模块化主要有两个过程:新产品模块化平台构建过程和已有产品模块化构建过程。

（1）新产品模块化平台构建过程，主要特点是将模块化产品平台构建作为新产品开发的部分内容，由于未来客户需求大多是未知和变化的，因此需要进行预测分析。

采用自上而下的方法进行设计，自上而下开发产品的实质是进行产品功能和结构的分解，即成套装置——整机——部件——零件。考虑产品模块如何分解，如何尽可能提高通用模块的比例，尽可能减少专用模块，最终得到一个模块化产品平台，且在该平台上快速配置出各种个性化产品，主要特点：由易到难，上层的模块功能关系、结构边界清晰，容易进行模块化；通过顶层设计，进行模块化的全面规划。

（2）已有产品模块化构建过程。企业将已有成熟产品推向市场，但该产品开发时没有很好地考虑模块化问题，需要对已有客户需求信息和设计数据进行分析，并对未来市场趋势进行预测和分析，在此基础上进行产品的功能和结构模块的划分。

已有产品模块化构建主要采用自下而上的方法进行设计，其实质是在已有产品的基础上，对零部件进行模块化、系列化和标准化，建立模块模型，构建产品模块化平台，实现大批量定制生产，支持产品创新和节能减排。通常模块化构建的顺序是：零件——部件——整机——成套装置。主要优点：投入少，见效快；能比较充分地利用社会化的模块资源；容易实现局部模块化，所受牵涉面较窄。

六、常规效率和复杂需求响应能力的矛盾挑战

1. 供应链效率

供应链效率包含采购效率、作业效率、运输效率、财务结算效率、系

统处理效率、库存周转效率、响应效率。

（1）采购效率。这主要指从发起采购到采购到货的时效。采购效率越短，对需求的处理越及时，缺货风险就越低。

（2）作业效率。这主要指商品在物流流通过程中的搬运、装车、上下架、拣货、库内移动的时效。作业效率越高，物流效率就越高，需求的响应速度和服务质量也就越高。

（3）运输效率。这主要指商品从发出到签收路途中运输的时效。运输时效主要取决于运输方式（空运、陆运、海运等）、运输路线等因素。

（4）财务结算效率。这主要指财务对账、应收应付核算、收款打款等操作时效。结算效率的提高，有利于企业资金周转率的提高。

（5）系统处理效率。这主要指信息系统对业务数据的处理时效。系统处理速度可以衡量企业供应链信息化的程度，系统处理越及时，越能有效避免各系统间信息不一致、超卖等问题，继而提高客户服务水平。

（6）库存周转效率。这主要指在某一时间段内库存货物周转的次数。周转次数越多，资金回笼越快，库存的积压成本就越低。

（7）响应效率。这主要指对客户需求、问题、售后的响应和处理时效。响应效率越高，供应链的柔性越好，灵活性越高，服务水平也就越高。

效率和成本一样，也不是孤立存在的，增效的时候同样要考虑全局因素，保证整体效率最优。同时，效率的提高可能会带来成本的增加，所以也要考虑成本的均衡。

在供应链里，时间就是金钱，效率的提高可以带来更好的客户服务体验，同时可以有效减少库存的积压成本。举个例子，如果某商品采购周期需要5天，也即采购提前期为5天，则库房最低需要准备5天的安全库存，以应对采购途中的订单需求。但如果采购效率能提高到2天，库房就只需要准备2天的安全库存就够了，节省下来的3天安全库存，同时减少了库存资金、物流运输成本、仓储使用面积和仓储运作成本。

降本增效对供应链的意义重大，尽管有的时候企业因为追求更大的市场而忽略了深藏幕后的这一剂良药，但它一直存在，直到有一天企业陷入困境时它便闪亮登场，指引企业继续良性前行。

2. 企业供应链物流需求响应能力

随着市场竞争的日益激烈，越来越多的企业要求具备快速响应客户需求的供应链物流能力，尤其是对于分销零售型企业来说，快速响应客户需求的能力构成了其核心竞争力之一，如何提高企业在物流服务上快速响应客户需求的能力成为很多企业关注的问题。

快速响应客户需求的供应链物流能力实际上就是我们常说的时效问题，通常来说，快速响应客户的需求就是要缩短企业在供应链物流服务方面的交付周期。一方面，快速响应客户的需求会涉及供应链物流的全流程，不仅仅是某一个环节的问题；另一方面，时效往往与供应链物流总成本呈效益悖反的特征。

（1）场景搭建与思路优化。进行具体分析时，首先要抽象化企业所处的具体场景，并提取其中的关键特征与信息。假设企业要求在物流服务方面将原本从收到订单到交付客户的七天交付周期优化为五天的交付周期，其核心思路是对企业交付周期进行拆分，即先将整体的交付周期优化拆分到订单处理、仓储和运输三个大的维度，再看这三个大的维度下哪些具体的环节可以进行优化和提高。例如，企业原本在订单处理方面的平均交付周期为1.5天，在仓储作业上的平均交付周期为1.5天，在运输作业上的平均交付周期为3.5天，那么就要对企业的订单处理、仓储作业、运输作业的流程环节和关键性瓶颈问题进行进一步拆分，找出优化点。

（2）缩短订单处理周期。首先在订单处理上，需要找出订单处理周期较长的原因。例如，有些企业由于信息系统问题导致库存不准以及因为市场促销活动与计划不协同等导致库存管理混乱，那么在订单处理环节就存在等待问题，致使订单处理周期较长。还有一些企业相对于库存管理来说订单处理的方式对时效的影响更大，例如接到订单需求后不能马上进行处理，而是要等到一个批次才能统一进行处理。这些在订单处理维度就存在的交付周期问题，需要进行详细的分析。

（3）缩短仓储作业周期。缩短仓储作业交付周期的核心之一在于进行更加精细化的仓储作业管理与运营，例如，仓库里一天发一次货物和一天发多次货物所形成的交付周期有着极大的差别。精细化的仓储作业管理、运营与订单处理也息息相关，仓储作业能力越强，对计划和订单处理的支持力度越大。在具体缩短仓储作业交付时间上，可以针对企业的具体情况进行进一步分析，例如，可以从车辆调度上进行优化，还可以从仓储内部的分拣、复核、存储、装车、盘点等具体的作业流程上寻求优化点，如果每个环节都能提高1—3个小时，那么整体仓储作业周期就可以缩短1—2天。

（4）缩短运输作业周期。运输作业交付周期的缩短相对来说比较复杂，与企业整个供应链网络相关。例如，企业物流网络的层级库存是放在生产端还是更快地面向消费者，是否将库存设置在更靠近客户的地方，对于整个的运输作业交付周期影响非常大。当然，运输作业中时效越高，成本也会越高，因此需要进行综合考量。

在具体缩短运输作业交付时间上，也要针对企业的具体情况进行进一步分析，例如，可以从发运到集配到干线运输到城市配送进行进一步分析，从每个环节流程来缩短交付周期，其中会涉及网络层级设置、仓储选址、路线规划等问题。

七、交付和库存到底如何平衡

供应链中交付与库存指标，通常是同时恶化或优化的。企业交付越好，库存周转越快；交付越差，积压库存就越多。当然，企业应根据产品生命周期、近期的市场战略，或偏重于交付，或偏重于库存控制。比如，为了扩大市场份额，选择交付优先，库存压力就相对比较大；而到了年底，还会遇到供应商放圣诞节、各大港口爆仓等情况或问题，再加上年底库存考核，那么交付风险就会更高。

交付与库存的优化，有如下方法：

1. 销售与供应链之间的信任、沟通与信息透明

有一家企业之所以交付不好，居然是各部门层层"贪污"交期：销售部之前不按时交付被客户责骂，再次接到客户的订单，客户指明30天要货，销售部怕再次挨骂，报给经理的时间是25天，"贪污"5天；经理则告诉生产部要22天生产完，"贪污"3天；生产部提前到20天做生产排期，"贪污"2天；生产部告诉采购部15天物料要到，采购部告诉供应商14天就要交物料，"贪污"1天。就这样，在交期的层层提前下，成品生产完后放在仓库里"睡觉"。如此，一方面会造成企业成品库存积压，另一方面会导致真正急的客户订单因被占用时间而无法安排生产。一旦出现更多的订单延期，销售部门会出现更多提前报交期的情况，真正着急的订

单会更多被延误。如此,这家企业就陷入了恶性循环。

由此可见,销售与供应链之间的信任、沟通与信息透明是交付与库存管控的前提。

2. 正确的考核设计

如何考核交付与库存?常规有两个指标,即准时交货率与库存周转率。公式为:准时交货率 = 期间准时交付的订单数 ÷ 期间总的需要交付的订单数 ×100%

但这种计算方法不会区分订单金额,一张订单100万元,另一张是100元,两张订单都没有准时交货,看不出两者的差异;晚1天交货和晚10天交货,也看不出差异,因此需升级,建议将"准时交货率指标"改为"不准时交货损失",把每一张延误的订单的有效产出金额乘以延误的天数。公式如下:

不准时交货损失 = Σ 延误订单有效产出金额 × 延误天数

(有效产出金额 = 客户付给我们的钱 – 我们要付给供应商的钱)

同理,之前企业计算库存周转率的公式为:

库存周转率 = 销售的物料成本 ÷ 财务期平均库存

此公式也建议升级,因为仅凭库存周转率无法看出实际损失金额。

建议公式升级为:

库存积压损失 = Σ 存货金额 × 天数(存货的价值乘以持有的天数的总和)

以损失来衡量准时交付与库存,就能建立起用金钱来衡量的供应链交付与库存考核的指标,对企业来说,这更具有指引与反馈作用。

在考核上,两个"同时"是关键:对一个部门必须同时考核不准时交货损失与库存积压损失，必须同时考核销售部门与供应链部门。通过两个"同时"，才能达成指标上的平衡，跨部门沟通也才会变得更顺畅。

3. 用指标树工具量化和优化交付能力

交付能力要进行量化与优化，指标树是一个很好的工具。通过指标树将交付绩效量化分析，针对性优化，就能大幅提高企业交付能力。

某企业月接单能力 40 万台，但因近期客户订单增加，致无法按时交付，因此迫切需要提高接单能力。通过现场调研，运用指标树工具对该企业接单能力现状进行量化分析。首先将该企业月接单能力分解为四个关键能力：新产品响应能力、产销平衡能力、库存运营能力和质量分析能力。然后对这四个能力的关键指标进行量化，再向下进行具体分解，最后得出该企业接单能力真实现状。

要想改善交付能力，就要改善产品数据模式匹配度、销售预测准确率、BOM（物料清单）数据准确率、外协库存数据及时性等几个低层指标，优化新品响应能力、产销平衡能力、库存周转率和质量分析能力等一级指标，使接单能力从每月 40 万台增长到每月 83 万台，实现产能翻倍。

第五章 数字化供应商管理和价值增值活动

一、供应链决策中台推动供应商数字化

如何通过数字化提高企业的决策能力？答案就是供应链决策中台。尤其是在供应链管理发生重大变化的情况下，统筹的决策和协同，更需要依赖一个供应链决策中台。供应链决策中台既能承接原先的数字化基础，又能成为中枢环节，帮助管理层统一计划、统一协调、统一决策，从而创造价值。

雅戈尔集团股份有限公司（以下简称"雅戈尔"）经过多年的发展，已经具备了一定的行业地位和产业规模。在当前国内外形势和疫情等多重影响下，雅戈尔品牌面临着商业形态变化、线上冲击加剧、消费结构变化等诸多挑战，而数字化转型能够驱动业绩增长，提高运营效率，激活业务创新，成为雅戈尔发展的重点战略。

雅戈尔围绕"建设世界级时尚集团"的战略目标，以中台战略、未来工厂、智慧营销为三大支柱，以数字化转型为契机，探索复杂市场环境下新的商业模式，为企业持续健康发展提供强大的动力。

数字中台作为支撑实现时尚集团的重要战略，主要分为三大

支柱：

（1）中台战略。

①财务共享中心持续分阶段建设。从2017年开始到2021年雅戈尔持续建设财务共享中心，通过财务共享中心，不仅实现了全国财务共享、集中财务管理、实时财务分析等功能，还实现了全国财务工作的共享和标准化，进一步提高了财务管理水平。

②业务中台的建设。公司于2018—2021年构建了业务中台系统，在构建统一、标准的业务服务的基础上，实现了全国库存共享、订单智能派送、统一价格管控、集中收支结算等功能，利用业务中台，构建了订单中心、库存中心、会员中心、政策中心等建设，实现了业务数字化的建设工作。

③数据中台的建设。为了推动公司数字化转型的重要平台，公司2020—2021年完成了数据中台的一期建设，经过前期数据治理、经营指标梳理、数据平台建设、数据可视化、数据智能应用等工作的开展，并利用大数据、算法、AI等技术，初步实现了公司海量数据存储、大数据实时监控、智能决策等业务的开展，从人货场、产业链等角度进一步推动了公司的数字化转型。

（2）未来工厂。智能制造作为雅戈尔的重点建设战略，以标准化、自动化、信息化、数字化、智能化为建设目标，构建雅戈尔未来工厂。主要建设内容如下：

①面料研发。雅戈尔拥有独特的从棉花、汉麻种植、纤维处理、纺纱、面料织造、染整、成衣加工到品牌运营、终端销售的垂直一体化完整的纺织服装全产业链，因此，它特别重视科技创新能力的持续

建设，2018年整合研发测试中心和面料开发中心，升级为雅戈尔纺织材料研究院。

②产品设计。作为服装制造的重要环节，产品设计是与消费者沟通的最重要的媒介。雅戈尔非常重视产品设计与研发，在数字化建设方面，建设了基于3D技术的产品设计，并利用3D量体数字化技术实现了智能量体，以及与后端自动化裁床的无缝对接，进而实现了C2M的制造新模式。

③智能工厂建设。作为雅戈尔智能制造建设的重要环节，智能工厂是实现制造智能化重要的数字化手段，雅戈尔2017—2019年打造雅戈尔智能工厂，2020—2021年，打造"5G+工业互联网"。

（3）智慧营销。智慧营销作为雅戈尔产业的重要环节，利用数字化转型实现对新商业的实践与探索，寻找雅戈尔未来商业发展的新思路和方向，是雅戈尔数字化转型战略的核心组成部分。

①雅戈尔对新商业的定义。分别是：强有力的品牌，有竞争力的品类，快速反应的体系，良好的体验平台，高科技手段的应用，线上线下深度融合。

②线上线下深度融合的新商业模式。为了探索线上线下融合的新的商业模式，雅戈尔利用遍及全国省会城市的时尚体验馆、超千平大型旗舰店等线下体验平台和微信、抖音、淘宝、京东等线上营销平台实现了线上线下的深度融合，构建了自己的商业模式。

③智慧物流的建设。雅戈尔宁波智能仓项目总投资11亿元，规划土地面积100亩，一二期总建筑面积约13万平方米。雅戈尔通过智能仓储的建设，辐射全国所有的店，实现了全自动货到人的拣选以

及线上线下货品共享，智能物流建设为下一步新商品的探索和实践奠定了建设基础。

④夸父科技公司的设立。为了进一步加强新商业模式的探索，雅戈尔成立了夸父科技公司，通过一键式电商管理、全平台代运营服务、直播带货服务、电商品牌孵化、线上线下融合探索、体验店打造等数字化手段进行新商业模式的探索。

⑤培养新商业人才。雅戈尔与宁波大学合作，捐助1亿元基金，设立"宁波大学雅戈尔新商业学堂"，为数字化建设培养新的商业人才。

雅戈尔的数字化转型之路，实现了从生产到消费的全产业链、全生活场景的节能减排，是企业良性循环、社会经济可持续发展的关键。在雅戈尔探索新商业之路的同时，还在顶层设计、路径规划等战略部署层面，为同行业提供了数字化转型的案例参考，有利于实现产业升级，助力"碳中和"目标实现。

那么，到底什么是供应链决策中台？供应链决策中台有点像苹果手机，苹果手机的运行依托内部的零件和底座，该零件和底座就类似于当前已有的信息化的系统。在这些零件基础上，决策中台核心就像组装了的苹果手机。在这部手机上，企业的高层、管理人员、规划人员、计划人员等，都可以打开各种App，完成供应链决策的所有场景。

比如，CFO（首席财务官）想了解库存"水位"为什么这么高，是预测不准导致，还是采购周期太长导致？如果要削减，可从哪里入手？这些场景都可以用手机中一个个App去回答。无论App怎么样，最核心的关键在于有一个标准的框架，类似于 iOS 一样的框架。这就是供应链决策中台的模式。

如今，很多企业都做过决策优化的尝试，但更多时候大家都是通过咨询或定制化开发供应链单点系统去解决的。可是，供应链的决策是环环相扣的，单独为了一个目的去定制软件或咨询，只要外部的环境发生变化，流程就会变化，这个东西就不适用了，延展性很差，成本也比较高。但有了供应链决策中台后，就相当于有了一个统一的决策框架，在这框架下，可以无限开发 App，不仅使用便利，而且成本低。

供应链决策中台是怎么在企业落地的？分为三步走。

第一步，结合业务痛点和企业特点，定义决策中台的路径。很少有企业一开始就已经将所有场景的 App 做好，需要制订 App 开发路径和计划。

第二步，组织结构权责划分。很多决策场景都是跨部门的，不是单独一个部门或一个团队能决策的，需要进行组织权责的划分，然后确定相互的职责，加强协同。要在不同的场景下，定义每个场景中的组织权责划分。

第三步，搭建 App，业务员落地使用。以快消行业客户为例，定义一个场景路径，如何确定决策的先后顺序，以及优化路径，可以先规划从战略层到计划层，最后到落地层，一步一步实现转型。

规则确定之后就是实施具体计划，涉及每一周、每个月的生产安排、物流安排、库存安排、调拨安排、补货安排等，甚至在运输实际订单中，如何把这些运订单整合到现有车辆中，进行路径和发货的优化，提高装载率等。整个过程，从管理优先级来看，就是先从结构优化出发，慢慢落实到执行优化的过程。

二、外部资源管理,全供应链数字化供应商响应能力

在制造企业中,标准的采购流程可以划分为战略采购和订单协调两个环节。战略采购包括供应商的开发和管理,订单协调则主要负责材料采购计划、重复订单以及交货付款方面的事务。这种组织结构与销售体系非常类似,为了处理大量的重复性订单,很多销售型公司也建立了专业的销售支持部门。

供应商的开发和管理是整个采购体系的核心,其表现也关系到整个采购部门的业绩。一般来说,供应商开发应包括的内容有:供应市场竞争分析、寻找合格供应商、潜在供应商的评估、询价和报价、合同条款的谈判,以及最终供应商的选择。

供应商响应时间是指,供应商收到企业提出问题、需求或投诉后,作出响应的时间。供应商的快速响应,有助于提高企业问题解决的效率,从而避免延误带来的损失,但它也有不好的一面,它可能会使供应商过度追求速度,从而忽略准确性和深度性,进而影响解决方案的实际效果,出现舍本逐末的情况。

1. 优秀的供应商具备的特征

优秀的供应商一般都具有以下几个特征:

(1)共同愿景。共同愿景是指企业和供应商共享的、期待的并愿意为之付出努力的目标。这个目标是企业和供应商共同努力的方向,也是自我激励的重要因素,它能够将企业和供应商凝聚在一起,形成强大的合力,推动业绩不断提升。

(2)质量保证。在整个交付过程中,优秀的供应商非常注重质量控

制,他们会建立严格的质量控制体系,对交付质量进行全面的管理和监测,并通过持续改进交付过程,以确保客户最终的满意度。例如,某合作供应商根据国家标准和行业规范,制定了严格的交付质量控制标准,该供应商对其交付的每一个环节都进行了严格的质量控制,从施工人员的高标准选拔到项目交付的执行,再到最终客户验收,都使其遵循严格的质量标准。这使得该供应商能够确保其交付的质量和安全,从而赢得了客户的信任,最终获得了优秀合作单位荣誉,这是对供应商在采购合作中表现的肯定。良好的口碑还有助于供应商在行业中树立起专业可靠的形象,吸引更多的潜在客户。这为供应商提供了更多的商业机会,有助于其扩大市场份额,实现持续的发展。

(3)技术创新。优秀的供应商不仅满足现有的需求,还会主动研究市场趋势,开发新的技术和产品,以满足未来可能的需求。例如,某合作供应商在交付过程中,不断研发新的施工技术,最终通过国家知识产权局颁发的实用新型专利证书,不仅提高了交付过程中的施工效率,还规避了交付过程中存在的人员安全隐患。供应商在合作过程中的专业性、可靠性和创新性等方面的表现,通过持续提供优质的技术服务,进一步巩固和提高了自己的市场地位,增强了竞争优势。

(4)灵活响应。优秀的供应商能够快速响应采购方的需求变化,具备高度的灵活性,能够根据市场变化和采购方的业务及时调整供应策略。例如,某合作供应商在××项目交付中,了解到该项目需要进行专项线路的交付,于是该供应商快速调整了交付力量,确保了项目订单的高效交付。这种灵活性和快速响应能力使得该供应商能够抓住高峰的机会,取得了良好的合同业绩。

总之，理想的供应商在与客户保持共同愿景的前提下，应该具备质量保证、技术创新、灵活响应等特质。供应商只有具备这些优秀特质，才能赢得客户的认可和信任，共同推动供应链的优化和发展。

2. 供应商评估的指标

供应商评估，侧重以下六个指标：

（1）价格。此处的价格是指供货的价格水平。考核供应商的价格水平，可以与市场同档次产品的平均价和最低价进行比较，分别用市场平均价格比率和市场最低价格比率来表示。

平均价格比率 =（供应商的供货价格 – 市场平均价）÷ 市场平均价 × 100%

最低价格比率 =（供应商的供货价格 – 市场最低价）÷ 市场最低价 × 100%

（2）品质。品质是供应商考评的最重要的因素，在开始一段时间内，主要加强对产品质量的检查。品质的好坏可以用质量合格率、平均合格率、批退率和来料免检率等来描述。

①质量合格率。如果在一次交货中一共抽检了 N 件商品，其中有 M 件是合格的，则：

质量合格率 $= M \div N \times 100\%$

显然，质量合格率越高，表明其产品质量越好，得分越高。

②平均合格率。根据每次交货的合格率，再计算出某固定时间内合格率的平均值，就能判定品质的好坏。比如，1月份某供应商交货3次，其合格率分别为90%、85%、95%，则其平均合格率 =（90%+85%+95%）÷ 3=90%。合格率越高，表明品质越好，得分更高。

③批退率。即退货批量占采购进货批量的比率。比如，上半年某供应商交货 50 批次，返退 3 批次，其批退率 =3 ÷ 50 × 100% =6%。批退率越

高,表明其品质越差,得分越低。

(3)交货期。交货期也是一个很重要的考核指标。考察交货期主要是考察供应商的准时交货率、交货周期等。

①准时交货率。准时交货率可以用准时交货的次数与总交货次数之比来衡量。

交货准时率 = 准时交货的次数 ÷ 总交货次数 × 100%

②交货周期。指自订单开出之日到收货之时的时间长度,常以天(d)为单位。

(4)服务水平。同其他考核指标一样,考核供应商在支持、配合与服务方面的表现,通常也是定性的考核,相关的指标有:沟通手段、反馈信息时间、合作态度、共同改进和售后服务等,如表5-1所示。

表5-1 服务考核指标说明

考核指标	说明
沟通手段	是否有合适的人员与本公司沟通,沟通手段是否符合本公司的要求(电话、传真、电子邮件以及文件书写所用软件与本公司的匹配程度等)
反馈信息	对订单、交货、质量投诉等反应是否及时、迅速,答复是否完整,对退货、挑选等是否及时处理
合作态度	是否将本公司看成重要客户,供应商高层领导或关键人物是否重视本公司的要求,供应商内部沟通协作是否能整体理解并满足本公司的要求
共同改进	是否积极参与或主动参与本公司相关的质量、供应、成本等改进项目的活动,或推行新的管理做法等,是否积极组织参与本公司共同召开的供应商改进会议、配合本公司开展的质量体系审核等
售后服务	是否主动征询本公司意见、主动访问本公司、主动解决或预防问题
其他因素	其资金资源、承诺、所体现出的能力等,是否与本公司提出的要求相匹配,是否积极提供本公司要求的新产品报价与式样,是否妥善保存与本公司的交易记录

(5)信用度。信用度主要考核供应商履行自己的承诺,以诚待人,不

故意拖账、欠账的程度。

信用度可以用下式来描述：

信用度 = 供货期失信的次数 ÷ 供货期交往总次数 × 100%

（6）配合度。在与供应商相处过程中，因为环境的变化或具体情况的变化，需要把工作任务进行调整变更。这种变更可能导致供应商的工作方式的变更，甚至导致供应商要做出一点牺牲。依此可以考察供应商在这些方面积极配合的程度。另外，如果工作出现了困难或发生了问题，有时也需要供应商配合。这些时候，都可以看出供应商的配合程度。

三、数字化供应链如何抓好全链质量关

1. 供应链质量中最常见的绩效指标

质量是一个运营指标，企业可以根据预先设定好的质量标准制造商品或提供服务。质量涉及准确性，必须按照一定的标准制造商品，避免它在制造、交付的各阶段出现缺陷。在供应链管理中有一些质量指标，接下来让我们通过一家咖啡店的运营，来看一下最主要的10个指标。

（1）订单输入的准确性。如果客人来店里消费，工作人员需要与客人当场确认所点的饮品，完成收款后打出小票，这就是订单输入的过程。外卖订单的流程也是相似的，但是某些客人会提出一些定制化的要求，比如，咖啡要做得苦一点儿。苦是较难衡量的标准，每个人对苦的接受程度不一样，顾客更多的是表达一种主观的情绪，而是否加冰块就是很明确的标准了，工作人员如果没有注意到这个细节，就会影响到订单输入的准确性。

（2）信息的准确性。在开始制作咖啡时，工作人员要留意信息的准确

性。同样是牛奶咖啡，不同饮品之间的制作过程和原料比例是不一样的。拿铁需要打发奶泡，使奶香更加浓郁。相比之下，Flat White的咖啡比例更高，而奶泡较少。此外，还要注意订单完成情况，不能让客人等待过久，因为制作状态和客户订单跟踪也是信息准确性的重要组成部分。

（3）原材料的可用性。咖啡最主要的原料是咖啡豆，其他原料还有牛奶、糖浆、辅料和包装材料。工作人员需要在营业之前确保当天有足够的原材料，如果发生库存不足，需要提前通知供应商补货。缺少任何一种原料，都会影响到商品的交付和营业额。随着产品数量的增加，工作人员需要准备的原料品种将会越来越多，这就会给工作带来更大的挑战性。

（4）质量控制发现的缺陷数量。为了给客户提供更好品质的饮品，工作人员需要使用比较复杂的半自动咖啡机，这意味着增加了一些制作工序，研磨完豆子后，需要手工布粉、压粉。手工操作可能存在制造上的缺陷，这是难以避免的。从质量控制角度看，需要统计缺陷产品的数量，然后对标行业标准，对不足之处进行改进。

（5）客户发现的缺陷数量。除了工作人员在店里发现的质量缺陷，还有许多问题是由客户发现的。比如，客人点的是冰咖啡，工作人员没注意，默认做成了热饮料，自己毫无察觉，直到客户收到后才发现货不对。这时候，商品已经送至客户手上，造成的后果比制造过程中的缺陷更为严重。如果是不合格的零部件，客户在事先不知情的情况下安排了生产，导致大量产品要废弃或召回，损失将会远高于零部件本身的成本。在客户端发现质量问题是运营中最大的忌讳，必须使用最快速的手段抑制缺陷，把客户损失降到最低。

（6）拣货和运输的准确性。午后工作人员收到大量的线上订单，会有些手忙脚乱；同时，外卖小哥已经堵在店门口催单，因为店家出品慢会影响他们的绩效和收入。尽管如此，工作人员还是要注意订单交付的准确性，每张小票要对应到正确的饮品，要把正确的订单交到正确的配送人员手上。在企业仓库出货的场景中亦是如此，拣货人员要根据拣选清单去货架上拣货，不能拿错商品，否则会引起客户的投诉。拣货完成后需要进行包装，仓库要确保把正确的货物交给正确的运输承运人，配送至正确的地点。在这个过程中，任何差错都会引来客户投诉甚至罚款。

（7）商品损坏。在交付过程中工作人员会遇到商品损坏的情况，例如，递给客人时不小心打翻了咖啡，或打包时没有固定好杯托，导致运输途中咖啡洒了。损坏事件发生后，首先要保障客户利益不受损失，比如，可以给客人重新做一杯咖啡。对于制造企业来说，应该迅速安排给客户补货，然后调查分析损坏的原因。如果是自己仓库在装货时压坏了商品，需要进行内部整改，培训员工；如果是运输途中商品受到了颠簸而损坏，企业要向第三方物流公司索赔。

（8）文件和发票的准确性。有些客户会索要发票，工作人员要注意发票抬头和税号，不能搞错了。除了发票，企业供应链运营中还有大量的文件信息，比如，客户或供应商的名字、贸易条款、银行账号、产品单价和数量、货物体积重量、送货地址等。文件的准确性很重要，它涉及了供应链中的信息流（Information Flow），出错了文件或发票，会降低信息流动的效率。错误的信息会耗费大量的时间精力来对账，而这项工作不仅不能给供应链带来任何价值，反而会造成严重的资源浪费。

（9）按时足量交货。如果订单超时了，客人很可能会取消，甚至以后不再光顾，这就是销售损失。在企业里，订单及时交付率一般设定在

90%—95%。不同行业会有所区别,但这是所有企业都要考核的指标。

(10)退货和保修问题的数量。客户对于质量不合格的商品会发起退货,或要求供应商提供保修服务。供应商需要统计退货和"三包"索赔的次数,并在收到退货产品后进行原因分析,搞清楚是什么原因造成的质量不达标。制定合理的退货政策和索赔流程,可以帮助企业减少损失,提高客户忠诚度。

2. 质量把控要点

质量把控要点如下:

(1)在第一时间把事情做对。遇到了问题,要在第一时间解决,不要等到工人做完了或等到最终检验时才发现,这样就太晚了。如果问题没有在第一时间加以解决,最终将导致产品不良,返工或客人退货,工厂的损失就会相当大。注意,第三方检验公司不会发现许多错误,即使他们发现了,这也太晚了。

(2)不要装样子。不要只是告诉员工做这个做那个,有些人会听你的,但多数人不会,你必须不断地用自己的眼睛去看,去检查,去纠正和指导,这就要求你深入现场一线一遍一遍去看,去观察,去检查员工是否在按照你的要求操作,并不断地指导和纠正员工,直到正确的操作变成他们的条件反射,变成他们的工作习惯。

(3)永远不要假设。不要想当然地回答:"我们以前从未有过任何问题,为什么要担心……"不要等到出现问题之后才采取行动,或认为问题不可能发生在你身上。要想办法预防问题的发生,不要依靠"关系"(即你认识或熟悉的)来控制供应商的零部件、材料的质量和品质的稳定性。要严格实施与操作进料品质检验(即IQC),必要时,需要全检一些材料或零配件。

（4）运用基础常识。许多解决问题的方法并不需要很高深的知识或技术，许多问题并不需要花钱就能改正，只要每天花时间去现场看，不断地观察，就可以发现解决问题的方法。

四、供应链竞争力体现在供应商组合能力上

供应商是生产企业的战略资源，企业的最终目标是通过采购平台获得供应商提供的产品和服务，以满足客户需求。然而，由于采购模式的特殊性和采购规模上的复杂性，很多企业在供应关系中处于强势地位。为了获得市场机会和降低采购成本，有些企业只能采用多供应商战略协同的方式与供应商进行合作谈判，以便减少投入，对采购资源进行有效配置，提高企业在市场中的竞争力，形成优势互补、相互依存、互利共赢的合作关系。

1. 供应商整合的好处

供应商整合，是指充分利用供应资源，促进供应商在质量、成本、服务和创新等方面的改进，促进供应商的协调发展。整合供应商是供应链管理的重要内容，不仅有利于企业降低采购和物流成本，促进企业技术进步，还能提高企业的核心竞争力。

（1）降低成本。供应商数量较少的企业通常拥有更强的购买力和影响力，可以通过谈判协商获得更优惠的价格，为企业节省大量成本，并将其用于其他业务领域的再投资，或通过降低价格让利给客户。此外，还能降低运输成本和采购成本，以及维护供应商记录和处理发票相关的管理成本。

（2）加强与供应商的关系。与值得信赖的合作伙伴合作，企业能以更低的成本获得更高质量的材料。更少的供应商，企业能更容易有效地管理供应链。除了改善业务成果外，整合供应商还能改善合作伙伴之间的供应商关系，最终使企业持续可靠地获得高质量的供应，同时还能培养积极互利的合作伙伴关系。

（3）简化物流过程。精简供应链，减少供应商数量，可以更容易地规划、跟踪和指导运输业务。反过来，也可以减少向客户发送订单的成本和麻烦。再加上供应商都集中在一个地方，还能节省多个供应商之间运输的时间和金钱，确保有关订单状态和交货时间表的信息流，保持顺畅的沟通。

简言之，通过供应商整合，降低复杂性、提高效率和加强运营绩效，就能改善企业的物流。当然，关键是仔细权衡风险和收益，以便企业做出最佳决策。

2. 供应商整合的策略与方法

如何整合供应商呢？具体方法如下：

（1）采购管理变为供应商管理。传统采购管理的不足在于，与供应商之间缺乏合作，缺乏柔性和对需求快速响应的能力。准时化思想出现后，对企业的供应链管理提出了更高的要求，需要改变传统的单纯为库存而采购的管理模式，提高采购的柔性和市场响应能力，增加和供应商的信息联系以及合作，建立新的供需合作模式。供应链管理采购模式就是实施有效的外部资源管理，将事后把关转变为事中控制的有效途径，也即供应商管理。在开放性的动态信息交互下，面对市场需求的变化，供应商就能作出快速反应，提高供应商的应变能力。对采购方来说，通过和供应商建立合作关系，实施协同采购，就能提高管理水平，有效控制制造过程与产品质量，降低成本，增加制造的精益性。

（2）建立信息交流与共享机制。信息交流，不仅有助于减少投机行为，还能促进重要生产信息的自由流动。当前，为加强与供应商的信息交流，可以从以下几个方面着手：和供应商经常进行有关成本、作业计划、质量控制信息的交流与沟通，保持信息的一致性和准确性；实施并行工程，让供应商参与产品设计，通过为他们在原材料和包材的性能和功能方面提供有关信息，来为实施 QFD（质量功能配置）的产品开发方法创造条件，把自己的价值需求转化为供应商的原材料和零部件的质量与功能要求；建立联合的任务小组，解决共同关心的问题。与供应商建立一种基于团队的工作小组，双方人员共同解决供应过程和制造过程中遇到的问题；与供应商互访，及时发现和解决各自在合作活动过程中出现的问题，营造良好的合作气氛；使用电子数据交换（EDI）和互联网技术，快速进行数据传输。

（3）建立供应商的激励机制。要想保持长期的"双赢"关系，就要对供应商进行激励，没有有效的激励机制，就不可能维持良好的供应关系。设计激励机制时，要体现公平、一致的原则，如给予供应商价格折扣、柔性合同和赠送股权等，使供应商和制造商能够分享成功。

（4）供应商评价方法和手段合理化。要想实施供应商的激励机制，就要对供应商的业绩进行评价，使供应商不断改进。对供应商的评价，要抓住关键绩效指标或问题，如交货质量是否改善、提前期是否缩短、交货的准时率是否提高等。通过评价，把结果反馈给供应商，和供应商一起探讨问题产生的根源，并采取相应的措施予以改进。

（5）企业与供应商一体化管理。企业与供应商共享库存、需求等方面的信息，然后根据供应情况实时调整自己的计划和执行交付的过程。同时，供应商也要根据企业库存、计划等信息实时调整自己的计划，在不牺牲服务水平的基础上降低库存。在整个供应链的供应网络中，存在很多不能精确确定的因素，如采购提前期、供应商的生产能力等。企业不及时了解这些情况，就会影响整个供应链的供需关系，不能按时满足客户的需求。而实时协同，就可以使双方快速沟通，进而发现和解决问题。

（6）实行准时制采购。在传统的采购模式中，采购的目的很简单，就是为了补充库存，即为库存而采购。采购部门不关心企业的生产过程，不了解生产的进度和产品需求的变化，导致采购过程缺乏主动性，采购部门制订的采购计划很难适应制造需求的变化。在供应链管理模式下，采购活动追求的"零库存"是以订单驱动方式进行的，制造订单的产生是在客户需求订单的驱动下产生的，然后制造订单驱动采购订单，采购订单再驱动供应商生产计划。这种准时化的订单驱动模式，使供应链系统得以准时响应客户的需求，这不仅可以降低库存成本，还能提高物流速度和库存周转率。准时制采购的基本思想是：在恰当的时间、恰当的地点，以恰当的数量、恰当的质量提供恰当的物品。

（7）与供应商建立供应链战略联盟。供应链战略联盟是企业为共同利益所形成的联合体，其出发点是利用各方协作能力，实现单独一方无法实现的目标。

3. 如何优化供应商组合

要想优化供应商组合，可以采用以下方法：

（1）精简供应商。每个供应商都应有它存在的价值和理由，或是我方产能需求的必要组成部分，或用以制衡其他供应商形成竞争，或品质优秀，或成本有优势。当这些条件都不满足时，就应该予以精简。具体操作方法是，通过目标定价方式或基于供应商绩效评价实现供应商精简。其中，通过目标定价的方式促使供应商优化其成本结构，剔除不能达到目标的供应商；而供应商绩效评价，能把表现差的供应商淘汰掉。

（2）二元化独家供应商。独家供应商并非不能存在，但其价格要有行业竞争力，要积极主动地与各方配合，保证其产能足够保障我方没有断货风险。只要无法满足任一条件，就需要开发更多的供应商。对定制设计、定制生产的物料，也不能被供应商绑死，应事先在双方合作协议中约定，日后我方可以用其设计资料开发第二家、第三家供应商。

（3）通过研发工作，减少专用件数量。研发设计是影响供应商组合的源头性要素、根本性要素。专用件越多，独家供应商就会越多，即使去做二元化，也需要投入很多的成本和时间。通用件越多，就越容易避免独家供应商，同时总体供应商数量也会大大减少。所以，要从研发源头重视对物料通用性的把控。

（4）扶持、发展和整合供应商。首先，帮助现有优良供应商实现更宽的产品种类，我方就能在物料类别层面减少供应商数量。其次，可以有意识培养、扶持有潜力的优质供应商成为我方核心供应商，减少一般素质供应商的数量。事实证明，只要我们能与核心供应商建立利益捆绑、休戚与共的战略联盟关系，就能进一步减少供应商的数量。

（5）通过采购策略，优化供应商。通过前瞻期更长的采购策略来优化供应商，采购风险越小的、可控性越强的产品供应商数量就会越少，反之则需要多一些供应商。供应商组合另外一层含义，是指潜在供应商、备用供应商、合格供应商、签约供应商的组合搭配。如果除了在合作的供应商，手头没有更多可选择的供应商，会严重影响应对措施，在价格上也会处于被动状态。而梯队形态的供应商组合则会让采购充满底气，能够更好地按照我方需求来进行。

五、云仓储选址和向链主的地理集中模式

1. 云仓

云仓是一种基于云计算技术的仓储模式，它将仓储、物流、信息等资源进行整合，通过互联网技术，对商品的管理、存储、配送等全过程进行智能化管理。其本质是通过整合社会闲置仓储资源，构建全国分仓，形成一张云仓网络。

从一定意义上来说，云仓是向社会开放仓储资源和配送资源的第三方物流服务模式。商家跟云仓平台企业签订入仓协议，在云仓平台根据市场销售预测数据来布局库存，使用云仓平台的仓库资源，将库存设置在离消费者最近的仓库里。收到客户订单后，云仓平台会自动选择最优仓库拣选出货，然后由云仓平台将货品送到客户手中，实现对市场需求的极速反应，提高市场竞争力。

云仓的特点主要有以下几点：

（1）高效性。云仓采用先进的信息技术，实现了对商品的实时监控和管理，从而提高了仓储和物流的效率。

（2）灵活性。云仓可以根据不同的需求进行灵活的调整和变化，满足不同客户的需求。

（3）低成本。云仓采用共享经济的模式，可以将仓储和物流等资源进

行共享，降低了成本。

（4）数据化。云仓通过信息化技术，实现了商品的数据化管理，可以实时掌握商品的库存、销售等情况。

云仓网络扩张需根据市场调研，分析联盟内各仓库企业的优势，然后制订出一份全国的仓库扩张计划。若从仓库面积与覆盖区域上进行划分，云仓可以分为四级：一级云仓是某城市或区域的大型仓库，二级云仓是某小区域的市场或批发市场，三级云仓是超市或者商场的库房，四级云仓是小区商店、社区便利店等。

云仓布局的规划方法：如果能获得建仓地区的线上与线下的消费记录，就能根据消费分布的密集度来确定从哪儿建立下级仓；若没有消费记录，可以根据以下几个逻辑规划全国的下级仓布局。

首先，根据各地区房价收入比、居民楼楼龄、居民楼建立时间、居民户数、商圈分布等进行市场调研，确定各下级仓库的建设数量与建设区域。

其次，利用因子分析、AHP层次分析法等对下级分仓所属地区进行测评打分，然后根据测评结果，确定各下级分仓的开设顺序。

最后，根据实际情况，对各下级分仓的开设顺序进行调整。

2. 链主企业

链主企业处于产业链关键环节，在产业链供应链中位居主导地位，具有强大的核心竞争力及创新能力、较高的行业市场占有率、较好的可持续发展力，对产业链大部分企业的资源配置和应用具有较强的直接或间接影响力，能主导行业生态和资源整合，定义产品和创设市场，是提高产业链绩效的龙头品牌型企业。

（1）种类。根据链主企业在产业链所处环节和作用，链主企业可以分为集成型与平台型两类。

集成型链主企业。多见于传统制造型产业，大都处于供应链下游，接近消费市场，通过整合上游材料、零部件等供应商，生产制造销售终端产品，在生产制造能力、品牌影响力、供应链效率、研发能力、市场营销能力等方面全面领先，如家用电器领域的海尔、美的等，新能源汽车领域的特斯拉、比亚迪等，IT领域的英特尔、苹果、华为、联想等。

平台型链主企业。多见于服务型产业，它们主要通过购买或者代卖等形式，以平台化方式链接上游供应链企业，来向下游客户（企业或消费者）提供产品或服务，在供应商整合能力、平台服务能力、品牌影响力、市场营销能力等方面全面领先，如快速消费品领域的沃尔玛等，电子商务领域的京东、天猫等。

（2）链主企业的关键特征。链主企业主要在综合竞争力、产业链整合力、供应链掌控力、创新链溢出力、数字转型赋能能力、可持续发展力六大维度具备核心优势，如表5-2所示。

表5-2 链主企业的关键特征

特征	说明
综合竞争力	链主企业在技术、产品及服务等方面具备较强的核心竞争力，具有全球或国内领先的品牌产品和服务，主营业务位居行业前列，形成了技术、资本、质量、品牌等方面的综合优势，拥有超级技术品牌，可以改变和引领生产与消费方式，通过产品迭代升级"创造"新需求，"创设"出新的市场空间。比如，联想是个人电脑领域的链主企业，2022年营收超4800亿，持续位居全球个人电脑出货量第一，全球市场份额达23.3%，影响带动着整个个人电脑产业链发展

续表

特征	说明
产业链整合力	链主企业对同类或上下游企业进行一体化或约束的能力较强，通过资本、技术联盟、供需合作等方式，它们可以实现对产业链的整合控制，逐步掌控整条价值链高端环节。通过补链、强链、延链等产业链垂直整合、横向整合，形成以自身为核心的网状产业集群结构。比如，苹果通过向供应商派遣其产品设计师、制造工程师，协同监督生产流程及过程细节，同时，通过为供应商购买定制设备、开发独家专业技术，实现了对供应商的深度绑定，提高了供应链效率，形成"果链"神话
供应链掌控力	链主企业关联的上游供应链企业数量较多、能级较高，通过产量或价格控制、工业互联网平台服务、金融服务、物流服务等多种方式，形成了稳定的分工协同关系，实现了供应链成本控制和效率提高，推动了产业利润最大化，甚至能联合产业链企业共同抵御外部风险挑战，以保障产业链、供应链安全。比如，京东通过自营物流体系建设，强化自身在电商物流供应链中的枢纽地位，形成了对整个产业链的掌控能力
创新链溢出力	链主企业能够主导或参与国际、国家、行业标准制定，为产业发展提供技术、质量标准的输出，引领及带动产业发展。企业具备国家级以上创新研发平台，能对产业链上下游左右岸技术创新形成有力支持，通过供应链向配套企业传导创新压力与动力，成为产业创新的推动者和领导者。比如，华为利用在5G、软件、终端等领域形成的领先技术优势，通过技术创新、投资研发等方式与上下游企业的紧密合作，推动了整个通信和智能终端产业链的技术升级和竞争力提高
数字转型赋能能力	数字化时代，"链主"企业运用物联网、5G、工业互联网、大数据、云计算、区块链、人工智能等新一代信息技术，开展网络协同制造、大规模柔性生产、远程运维服务等新模式，推动全生产流程和设备数字化改造，推动产业数字化转型升级。比如，海尔卡奥斯与奇瑞合作，向新能源等行业领域拓展，结合大数据、云计算、人工智能等先进信息技术，打造汽车产业链数字化转型产品矩阵，加速行业数字化进程，目前已赋能398家中小企业，形成13个平台解决方案，减负零部件企业入库率10%，实现主机厂整车定制比例翻倍
可持续发展力	链主企业多数已成为500强企业、上市公司、单项冠军等，在行业内形成了领先的技术、资金、人才、数据等要素运筹能力，能够持续跨越行业周期，引领产业发展。比如，苹果、三星、Google等全球500强企业已形成强大的品牌效益和综合竞争力，可持续经历并跨越行业周期

六、供应链的职业反腐和价值管控流程

1. 供应链的职业反腐

一直以来，供应链腐败都是舞弊的重灾区，因为员工可以通过掌握采购权，对供应商的选择、定价、验收和账期等形成压制，操作空间巨大。而且，这类舞弊行为大都发生在企业经营管理体系外，比较隐蔽，难以被发现，行贿方和受贿方也容易形成攻守同盟。

小鹏汽车一直在强调"全流程降本"，其中供应链反腐是重要任务之一。2022 年底，小鹏汽车调整供应链业务部门，将原来的供应链服务部、营销服务采购部及零部件采购部合并为采购部，该部门由小鹏汽车副总裁李丰负责。

2023 年 10 月 9 日，李丰停职，多名员工配合调查。有消息称，此事始于小鹏汽车内部供应链反腐，牵涉多个层级，并有警方介入。虽然此次事件涉及面小，不影响商务和生产环节，但小鹏汽车采取行动是正常的反腐倡廉行为，对于腐败行为，必须要发现一起、纠错一起，决不姑息。

对于具有大规模、重资产、高投入、长链路等特点的行业来说，物资采购是产业链的重要一环，而供应链很容易滋生腐败；由于产业链长，一旦出现腐败，整个产业链贪腐涉案人员就会非常多，涉案金额也会非常大。

供应链贪腐不光出现在制造行业，由于互联网公司的"烧钱大战"，

往往意味着有利可图，互联网企业的贪腐隐蔽性更强，相比一般的制造业更不容易被发现。近年来，各行业内的反腐力度不断加大。

供应链腐败远不止是收好处费那么简单，背后造成的巨大损失，可能很多人没有意识到。供应链腐败造成的巨额损失，这里有一个更具体的案例：2019年1月，在无人机市场占据霸主地位的深圳大疆公司披露了一份内部反腐败公告，震惊全行业。公告称，在引入供应商决策中，研发、采购、品控部门的部分人员存在大量贪腐行为。

供应链腐败，不仅会让企业损失大量金钱，"以降价为借口把所有正常供应商淘汰""品质不合格的情况下不进行物料验证""差品质、高价格、长周期、独家供"等还会影响到产品的质量，后患无穷。

2. 供应链的价值管控流程

供应链是指涉及产品或服务从原材料采购到交付给最终客户的所有环节，涉及供应商、生产商、分销商和客户等各环节的协同合作和信息流动。供应链管理，能够帮助企业提高效率、降低成本，并为消费者提供更好的产品和服务。

完整的供应链管理，除了包含物流管理，还有与合作伙伴（供应商、买卖双方）的协商交流，对需求与供应的管理。因为只有将供应链管理当作企业战略性的重点工作，才能打通企业的价值链，为客户提供高价值和高回报的产品和服务。

（1）创造价值的关键要素。在供应链中，创造价值的关键要素包括有效的物流管理、快速响应客户需求以及与供应商紧密合作（见表5-3）。

表5-3 供应链创造价值要素

方法	说明
有效的物流管理	物流管理是供应链中的重要环节，涉及产品的运输、仓储和配送等方面。通过科学合理地规划物流运作，企业就能降低运输成本、缩短交货时间，并提高交付的准确性和可靠性
快速响应客户需求	快速响应客户需求的能力，是企业在市场竞争中的关键优势。及时掌握和理解市场需求，以及有效的供应链规划和执行，企业就能更好地满足客户需求，为其提供定制化的产品和快速的交付服务
与供应商紧密合作	与供应商的紧密合作，是创造价值的重要因素。建立稳定的供应商关系，保持及时的信息沟通和合作，企业就能更好地控制供应链的风险，提高供应的可靠性和灵活性，为客户提供更好的产品和服务

（2）实现增值的关键路径。供应链管理的目标是实现增值，主要体现在降低成本、提高效率和提高服务水平等方面。

①降低成本。降低成本是供应链管理的核心目标之一。通过优化物流运作、供应链规划和供应商管理等方面，企业就能降低采购成本、运输成本和库存成本，进而提高资金的利用效率。

②提高效率。提高效率是供应链管理的关键手段。通过优化物流流程、提高供应链可视化和信息化水平，企业就能加快交货速度、减少废品数量，并实现资源的最优配置。

③提高服务水平。提高服务水平是供应链管理的重要目标之一。建立高效的客户反馈机制、加强客户关系管理和提供定制化的服务，企业就能为客户提供更好的售前和售后服务，从而增强品牌竞争力和客户满意度。

第六章 高效数字化供应链实现同盟激励和庇护

一、复杂供应链系统需要集成式管理

集成供应链管理是指，将多个供应链环节进行整合，实现从需求计划、采购、生产制造到配送的全流程管理，帮助企业打通信息流、产品流和资金流，帮助企业构建高效率、低成本、高柔性的供应链运营体系。

1. 集成供应链的核心流程管理要素

集成供应链的核心流程管理要素主要包括：

（1）产品流。主要是指产品实物的物理流动，涉及采购、生产、仓储、运输等方面。产品流通过物料在供应链上加工、包装、运输等过程增加价值，给相关企业带来收益。

（2）资金流。资金流指的是货币的流通。资金流是企业和供应链的血液，为了保障企业的正常运作，必须确保资金的及时回收，否则企业就无法建立完善的经营体系。

（3）信息流。信息流指的是物料、成品交易等信息的流动，该流程是供应商与消费者之间的双向流动。信息流是供应链的神经系统，为产品流和资金流提供支持。

2. 集成供应链管理实现的步骤

企业从传统的管理模式转向集成供应链管理模式，一般要经过五个阶段，包括从最低层次的基础建设到最高层次的集成供应链动态联盟，各阶段的不同主要体现在组织结构、管理核心、计划与控制系统、应用的信息技术等方面。具体步骤如下：

步骤1：基础建设

这一阶段的主要任务是，在原有企业供应链的基础上，对企业现状进行分析和总结，分析企业内部影响供应链管理的阻力和有利之处，分析外部市场环境，然后再对市场的特征和不确定性作出分析和评价，完善企业的供应链。

在传统型的供应链中，企业职能部门分散、独立地控制供应链中的不同业务，企业组织结构比较松散，供应链管理主要具有以下特征：过于注重生产、包装、交货等的质量，可能导致成本过高，所以企业的目标在于以尽可能低的成本生产高质量的产品，解决成本—效益问题；组织部门界限分明，单独操作，很容易引发相互冲突；采购部门可能只控制物料来源和原材料库存，制造和生产部门通过各种工艺过程实现原材料到成品的转换，销售和分销部门可能处理外部的供应链和库存，部门之间的关联业务会因各自为政而发生冲突。

处于这一阶段的企业主要采用短期计划，出现困难时需要一个一个地解决，虽然企业强调办公自动化，但整个供应链的效率仍然很低下，企业对供应和需求变化影响的敏感度不高。

步骤2：职能集成

职能集成阶段集中于处理企业内部的物流，企业围绕核心职能对物流实施集成化管理，对组织实行业务流程重构，实现职能部门的优化集成，通常可以建立交叉职能小组，参与计划和执行项目，提高职能部门之间的合作，克服这一阶段可能存在的不能很好地满足用户订单的问题。

职能集成强调满足用户的需求。今天用户需求已成为驱动企业生产的主要动力，成本则在其次，这样容易导致第二阶段中生产、运输、库存等成本的增加。此时供应链管理主要有以下特征：分销和运输等职能集成在物流管理中，制造和采购职能集成在生产职能中；强调降低成本，不注重操作水平的提高；积极为用户提供各种服务，满足用户需求；职能部门结构严谨，均有库存做缓冲；具有较完善的内部协定，如采购折扣、库存投资水平、批量等；主要以订单完成情况及其准确性作为评价指标。

在该阶段，一般用MRP（Material Requirement Planning，物料需求计划的简称）系统进行计划和控制。对于分销网，需求得不到准确的预测和控制，分销的基础设施也与制造没有有效的连接。用户需求得不到确切的理解，就会导致计划不准确和业务的失误，所以在该阶段要采用有效的预测技术和工具对用户的需求做出比较准确的预测、计划和控制。但是，各项技术之间、各项业务流程之间、技术与业务流程之间都缺乏集成，容易造成库存和浪费等问题，可能困扰企业。

步骤3：内部供应链集成

这一阶段的主要目标是，实现企业直接控制领域的集成，实现企业内部供应链与外部供应链中供应商和用户管理部分的集成，形成内部集成化供应链。

集成的输出是集成化的计划和控制系统，为了支持企业内部集成化供应链管理，主要采用供应链计划（Supply Chain Planning，SCP）和ERP

（Enterprise Resource Planning，企业资源计划的简称）系统来实施集成化计划和控制。这两种信息技术都是基于客户/服务体系在企业内部集成中的应用。

有效的SCP集成了企业所有的主要计划和决策业务，包括需求预测、库存计划、资源配置、设备管理、优化路径、基于能力约束的生产计划和作业计划、物料和能力计划、采购计划等。

ERP系统集成了企业业务流程中主要的执行职能，包括订单管理、财务管理、库存管理、生产制造管理、采购等职能。

SCP和ERP通过基于事件的集成技术联结在一起。

本阶段企业管理的核心是内部集成化供应链管理的效率问题，需要在优化资源、能力的基础上，以最低的成本和最快的速度生产最好的产品，快速满足用户需求，提高企业反应能力和效率。

本阶段需构建新的交叉职能业务流程，以逐步取代传统的职能模块，让用户需求和高质量的预测信息驱动整个企业供应链的运作。因满足用户需求而导致的高服务成本是此阶段管理的主要问题，可以采用DRP（Disaster Recovery Planning，灾难恢复计划）系统、MRPII（Manufacture Resource Plan，制造资源计划）系统管理物料，运用JIT（Just In Time，准时制）等技术支持物料计划的执行，缩短市场反应时间，降低库存水平和减少浪费。

在这个阶段，企业可以使用同步的需求管理，将用户需求、制造计划和供应商的物料流同步化，并减少不增值的业务。同时，还可以通过广泛的信息网络来获得巨大的利润。

此阶段的供应链管理具有以下特征：强调战术问题而非战略问题；制

订中期计划,实施集成化的计划和控制体系;强调效率而非有效性,即保证要做的事情尽可能好、尽可能快地完成;从采购到分销的完整系统具有可见性;信息技术(Information Technology,IT)的应用。

步骤4:外部供应链集成

实现集成供应链管理的关键在于第四阶段,该阶段会将企业内部供应链与外部的供应商和用户集成起来,形成一个集成供应网链。而与主要供应商和用户建立良好的合作伙伴关系,即所谓的供应链合作关系(Supply Chain Partnership),是集成化供应链管理的关键之关键。

此阶段,企业要特别注重战略伙伴关系管理,管理的焦点要以面向供应商和用户取代面向产品,要增加与主要供应商和用户的联系,增进相互之间的了解,相互之间保持一致性,实现信息共享等,并通过为用户提供与竞争者不同的产品/服务或增值的信息而获利。

供应商管理库存(Vendor Managed Inventory,VMI)和共同计划预测与库存补充(Collaborative Planning,Forecasting and Replenishment,CPFR)的应用就是企业转向改善、建立良好的合作伙伴关系的典型例子。通过建立良好的合作伙伴关系,企业就能很好地与用户、供应商和服务提供商实现集成和合作,共同在预测、产品设计、生产、运输计划和竞争策略等方面进行供应链运作,更好地为主要用户提供有针对性的服务。

为了提高对用户需求的反应能力和速度,处于这个阶段的企业,生产系统必须具备更高的柔性。企业不仅要能根据不同用户的需求,按订单生产(Make-To-Order),按订单组装、包装(Assemble or Package-To-Oder),还要能按备货方式生产(Make-To-Stock),根据用户的不同需求对资源进行不同的优化配置,也就是所谓的动态用户约束点策略。

延迟技术（Postponement）可以很好地实现以上策略。延迟技术强调企业产品生产加工到一定阶段后，等待收到用户订单以后根据用户的不同要求完成产品的最后加工、组装，企业供应链的生产具有很高的柔性。

为了达到与外部供应链的集成，企业必须采用适当的信息技术，为企业内部信息系统提供与外部供应链节点企业的良好接口，以达到信息共享和信息交互，让相互操作一致。

本阶段，企业采用销售点驱动的同步化、集成化的计划和控制系统。它集成了用户订购数据和合作开发计划、基于约束的动态供应计划、生产计划等功能，保证整个供应链中的成员同步化地进行供应链管理。

步骤5：集成化供应链动态联盟（供应链管理的发展趋势）

完成以上四个阶段的集成后，已经构成了一个网链化的企业结构，我们将其称之为供应链共同体，其战略核心及发展目标是占据市场的领导地位。

为了达到这一目标，随着市场竞争的加剧，供应链共同体必将成为一个动态的网链结构，以适应市场变化、柔性、速度、革新、知识等需要，不能适应供应链需求的企业将从供应链联盟中被淘汰。

这时候，供应链会成为一个能快速重构的动态组织结构，即集成化供应链动态联盟。企业通过 Internet 网络、商务软件等技术集成，满足用户的需求，一旦用户的需求消失，它也将随之解体。而当另一需求出现时，这样的组织结构又会由新的企业动态地重新组成。在这样的生存环境中，成为一个能及时、快速满足用户需求的供应商，是企业生存和发展的关键。

集成化供应链动态联盟是基于一定的市场需求、根据共同的目标而组成的,并通过实时信息的共享来实现集成。这也是供应链管理发展的必然趋势。

二、赋能式供应链构建逻辑

所谓数字化供应链,就是利用新一代信息技术对供应链组织、业务、方法、工具、资源等进行数字化改造,依托数字平台汇聚产业链上中下游多方主体,形成可视可控、无缝衔接、高效协同、弹性智能的社会化供应网络,以供应链全流程数据共享和价值挖掘来赋能行业和企业,构建"线上+线下""物理+数字"新型基础设施和生产流通组织形态。

1. 推动数字化供应链发展的原因

推动数字化供应链发展的原因主要有这样几个:

(1)客户的体验。全渠道时代,线上购物,线下体验,消费者已经习惯通过互联网轻松购买和消费商品,而且期望值越来越高。一些企业已经将交货时间缩短为几天,有的甚至已经缩短到几个小时。在线下,实体零售业态竞争更为激烈,交货时间已缩短到30—60分钟,这种零售模式成为实体店应对电商的利器,被称为即时零售。在企业竞相提供快速、完美的交货服务时,物流和仓库环节不容忽视。没有这两个环节的支持,企业就不可能提供卓越的客户体验。即使消费者能在网上轻松下单,企业也必须以同样便捷的方式履行和交付订单。

(2)需求的快速变化与不确定性。供应链做的事情就是需求跟供应,在当下的消费场景,各种产品的消费者需求都在变化,且都不稳定,如何快速提高市场响应度,考验着供应链的预测和响应能力。努力挖掘客户的潜在需求或即时响应当下需求,当产品精准地满足了消费者的需要,就能在市场竞争中制胜。比如，对于习惯点外卖的年轻人群体，如何解决或降低他们做菜的难度，就是一个非常明显的客户诉求。短期内预制菜的需求节节攀升，盒马特地研发的空气炸锅预制菜系列，就取得了不错的销量。

（3）企业成本与风险控制能力。对新零售企业来说，成本最大的地方是物流。尤其是最后一公里的物流成本最高，碎片化的需求和极高的时效要求让终端配送成了物流中难度最大、成本最高的领域之一。自2016年起，即时配送领域的竞争愈发激烈，虽然参与者众多，即时配送的每单成本仍然居高不下。此外，还有风险控制能力。采购最大的问题是暗箱操作，比如，大疆的采购暗箱操作案，给公司带来10亿的损失，40多人卷到事件里，多人入狱。数字化采购，是一种电子采购，全程透明，不仅能避免暗箱操作，还可以简化流程，减少成本。

（4）供应链管理决策能力。过去，商家做供应链管理决策时缺少足够的数据支撑，对于要生产什么商品、生产多少数量，以及如何分配每件商品在各地的库存，更多的是凭经验判断。但随着新品流通速度加快，尤其在融合了线上线下的新零售环境下，依靠人力做出全局最优的决策变得越发困难，只有通过一套供应链体系来实现全链路数字化管理，准确预测消费者需求，才能提高各环节的确定性，实现降本增效。

2. 数字赋能为供应链产业链

传统供应链依赖于人工的信息收集和处理，容易出现误差和延迟。而数字赋能的供应链则通过自动化的数据采集和处理，实现了信息的准确性和实时性。此外，传统供应链的协同和协调依赖人工的沟通和协调，容易受到人为因素的干扰；数字赋能的供应链则通过智能化的系统和算法，实现了自动化的协同和协调，提高了流程的效率和可靠性。此外，数字化供应链还呈现出参与主体"多"、信息共享"快"、需求预测准确性"高"、采购方式更"便捷"、协同效率"快"、链条节点"韧"、风险冲击后恢复"迅速"等显著优势。

（1）数字赋能可为供应链产业链带来无限可能。随着人工智能、物联网和大数据等新一代信息技术的发展，供应链产业链数字赋能正处于快速发展的阶段。未来，供应链将更加智能、高效和可持续，将为企业创造更大的价值。在数字赋能的引领下，供应链将实现全程可追溯、高度透明的运作模式，来有效应对市场需求的变化。同时，数字化技术将为供应链产业链提供更多的创新机遇，通过数据驱动的决策和智能化的协同，实现供应链的优化和升级。

（2）数字赋能将加速供应链的全球化和网络化。随着全球贸易的深入发展和跨境业务的增多，供应链产业链的全球化程度不断提高，数字化技术为跨国企业提供了更好的协同和协调方式，促进了全球供应链的无缝连接。同时，数字赋能也推动了供应链产业链的网络化发展，促进了供应链参与方之间的紧密合作和信息共享。这种网络化的供应链模式将进一步提高全球供应链的效率和可持续性，促进全球资源的优化配置和全球市场的互利共赢。

（3）数字赋能将推动供应链产业链的创新和转型。随着技术的不断发展，新兴技术如物联网、区块链、人工智能等正逐渐应用于供应链领域，为供应链产业链带来了更多的创新机遇。例如，物联网技术可以实现对物流运输车辆、仓储设备等的实时监控和管理，提高物流运作的效率和安全性；区块链技术可以实现供应链数据的安全共享和可追溯性，减少信息篡改和欺诈风险；人工智能技术可以通过数据分析和预测，帮助企业优化供应链的运作。

三、供应链金融的运作密码

供应链金融是指银行向客户（核心企业）提供融资和其他结算、理财服务，同时向这些客户的供应商提供贷款及时收达的便利，或者向其分销商提供预付款代付及存货融资服务。简单地说，就是银行将核心企业和上下游企业联系在一起，为它们提供灵活运用的金融产品和服务。

供应链金融是商业银行信贷业务的一个专业领域，也是企业尤其是中小企业的一种融资渠道。其最大的特点就是在供应链中寻找出一个大的核心企业，以核心企业为出发点，为供应链提供金融支持。一方面，将资金有效注入相对弱势的上下游配套中小企业，能解决中小企业融资难和供应链失衡的问题；另一方面，将银行信用融入上下游企业的购销行为，增强其商业信用，能使中小企业与核心企业建立长期战略协同关系，提高供应链的竞争能力。

在供应链金融的融资模式下，处在供应链上的企业一旦获得银行的支持，资金一旦注入企业，就等于进入了供应链，可以激活整个"链条"的运转。而且，借助银行信用的支持，还为中小企业赢得了更多的商机。

1. 供应链金融的特点

供应链金融与传统的融资模式相比，具有一些明显的特点。

（1）解决中小企业的融资困境。大中型企业的规模大、实力强、信用状况良好，商业银行等金融机构往往偏向于向大中型企业提供资金或金融服务，从而忽视中小企业的融资需求。供应链金融模式能够利用核心企业的信用盘活企业存货、用活应收账款等，并化解中小企业的融资障碍，有助于解决中小企业的融资困境，降低企业融资成本，提高资金运作效率。

（2）巩固银企合作。在传统的商业银行与企业的关系中，大多局限于银行提供资金给企业使用，企业付出资金使用成本。在供应链金融的运作过程中，商业银行不仅是资金提供者的角色，还是为企业提供全方位金融服务的合作方。商业银行可以利用自身的风险控制手段和信息优势，帮助企业改善经营并助力供应链建设，降低企业的经营风险和银行的信贷风险，巩固银企合作关系。

（3）减少商业银行对企业财务报表的依赖。在供应链金融活动中，商业银行不再单纯地评估单个企业的财务报表和运营状况，会更加关注其合作伙伴和交易对象，视供应链中的上下游企业为一个整体，关注其所处的产业链是否稳固，以及目标公司的市场地位和供应链管理水平。

（4）提高商业银行的金融服务水平。根据自己业务情况，企业可以采取多种融资方式，如原材料融资、存货融资、信用保证融资等。在供应链金融业务中，商业银行可以灵活地评估企业经营中的各环节，根据企业的具体需要和评估结果提供融资服务。如此，企业不仅可以获得融资，还能在买方风险承担、款项催收等方面获得便利。

2. 供应链金融的业务模式

供应链金融的业务模式主要有以下几种：

（1）应收账款融资模式。融资企业为了获取运营资金，将应收账款作为标的物进行质押，从而获得贷款的融资业务。资金需求企业与核心企业签订合同后，因核心企业销售回款存在一定的周期，通常约定先货后款的结算方式。因此，资金需求企业账上存在应收账款，为了能有足够的资金继续投入生产经营，资金需求企业以该笔应收账款向金融机构进行权利质押并以此获得贷款，核心企业提供相关说明或者担保，承诺将销售回款支付给金融机构，以作为资金需求企业偿还贷款的方式，金融机构进行审核后决定是否发放贷款。

（2）保兑仓融资模式。即预付账款融资模式，具体是指以银行承兑汇票作为结算工具，由商业银行对存货进行控制、第三方物流企业接受商业银行委托保管货物，对超出银行承兑汇票的部分由卖方回购仓单作为担保的一种特定票据业务。保兑仓融资模式针对的是下游企业（买方）的购买环节，核心企业（卖方）以"仓单"为质押物并承诺回购，对下游企业融资活动进行担保。

（3）融通仓融资模式。即存货类融资模式、动产质押融资模式，是指融资企业以存货作为标的物并质押给金融机构，以申请信贷支持，并以信贷资金支持的销售收益作为首先偿还信贷资金的来源。

3. 供应链金融的运作手段

供应链金融基于对供应链的掌控，通过提供金融产品和服务在企业真实的经营中发挥了重要作用，那么它是如何参与并运作其中的呢？供应链金融的运作手段可以总结为四种：提供流动性、参与交易结构、管理风险和承受风险。

（1）提供流动性。提供流动性是供应链金融最显而易见的运作手段，一方面，可以解决供应链参与方对于产品设计、采购、生产、销售、服务全流程运营的资金缺口问题，保持供应链的平稳运作；另一方面，还能通过融资加快优势企业的运营周转速度，扩大业务能力，实现降本增效。供应链金融通过注入流动资金，直接参与供应链企业的流程运作中。

（2）参与交易结构。供应链上的交易千差万别，供货量、供货条件、结算方式等方面的差异催生了不同的交易结构。为了更好地融入业务流程、实现安全的风险管控，供应链金融可以通过灵活的金融产品，参与交易结构的设计、执行和监控中，从而实现对供应链主体、流程和要素的掌控。

（3）管理风险。供应链金融通过监控和对冲两种方式进行风险管理。在监控方面，供应链金融通过资金流向的监控、上下游关系了解和监管链条货物生产进度、仓储及物流情况等环节的落实，可以尽可能地规避不同主体的流动和操作风险。在对冲方面，通过期货和期权等手段，以合适的交易安排配合产量预期，能有效管理供应链上企业在原材料和成品上所面临的市场风险。

（4）承受风险。供应链金融的最"后"运作手段，是在供应链中承受风险。面对"危机四伏"的金融环境，企业完全可以通过风控技术来尽可能地规避市场波动、操作疏漏、流动断裂和信用风险的发生，但并不能完全幸免。供应链金融可以更大范围地汇聚风险，也能通过赚取收益的方式为企业承受风险，实现风险之间的对冲，支持供应链条上的企业稳定运转。

四、供应链生产外包和模块化管理

1. 供应链生产外包

企业要建立核心生产能力，就必须打通供应链。

华为之所以管道（运营商、企业网）系统做得好，是因为保持了核心生产能力。华为保持了这部分生产能力，是因为任正非知道，只有掌握了这部分能力，外包合作才会比较清晰；完全甩出去，就太机会主义,一旦出现风险,就会满盘皆输。

(1)华为外包策略。为了降低供应链风险,一直以来,华为终端制造坚持自制与外包相结合的策略。自制聚焦在核心制造、产品试制、新品生产、高精尖制造及多品种小批量生产上;外包工厂一般承接大规模批量生产和技术含量不太高的产品。当自制生产出现异常情况时,外包工厂可以迅速替补作为"备份",确保终端产品的持续稳定交付。目前,华为自制量只有10%左右,90%都由外包工厂完成,包括原始设备制造商、原始设计制造商和联合设计制造商。

(2)华为外包实践。华为自制工厂为东莞松山湖南方工厂,占地2250亩,投资约100亿元,终端手机的新产品导入、验证测试、部分高端手机的生产和测试等都在这里完成。这里共有40多条自动化生产线,配备全世界最先进的生产设备,拥有全球领先的生产工艺和质量控制体系,平均每20秒就能生产出一部高档手机。

华为终端的大型EMS(电子产品制造服务商)外包工厂有富士康、伟创力、比亚迪、长城科技等,在这些工厂内,常年都有来自华为计划、制造、物流、品质、研发等部门的工程师驻厂,进行管理和生产跟踪。

终端业务变化快,技术更迭也快,产品需求波动大,准确性不高,都是制造业面临的挑战,为了减少需求波动带来的反应滞后问题,华为主动与EMS工厂分享市场信息,让厂商提前预知产品的需求信息,从而提前做好相关的生产准备。

华为与OEM(原始设备制造商)是通过consignment(送料加工)和buy/sell(先买好物料后再销售给供应商)的方式来管理物料

的，OEM没有太多控制权，当华为的需求计划波动过大时，会产生较多的物料库存和资金占用。近年来，虽然改善了合作模式，但华为对关键器件仍然采用buy/sell的方式；部分非关键物料交由EMS工厂，为华为提供敏捷而快速的服务。

在2019年中美贸易战美国对华为的元器件控制中，consignment这种物料管控方式经受住了考验，体验出它的优越性。由于华为牢牢掌握了采购大权，提前进行了大量采购和储备，终端生产和出货才没有受到太大影响。

对于ODM（原始设计制造商）或JDM（联合设计制造商），如华勤、闻泰，通常是由供应商提供产品设计方案或联合开发产品，自行决定物料选型和价格，但所有物料和物料供应商需要得到华为采购认证部的审核并备案，进入华为的采购和供应商管理体系。

外包管理是目前高科技制造业常用的一种管理模式，是品牌商与制造商各自发挥优势形成互补的一种供应链模式。那如何最大化供应链外包？

（1）使外包战略与企业和供应链战略保持一致。要想提供个性化、高接触客户服务，企业就要具有灵活和敏捷服务交付模式的外包合作伙伴。与其相反，在价格上展开竞争的企业或企业内部的供应链部门则需要精干、运营高效和低成本的合作伙伴。多数公司经营多个供应链，在选择外包合作伙伴之前，需要了解每一个供应链。

（2）了解当前管理供应链外包合作伙伴的能力。企业应确定利益相关者如何看待外包供应商并与之互动。了解当前的成熟度将有助于企业了解"随着它们变得更加以需求为导向，即他们需要哪种类型的外包"。同时，还可以提供有关组织和组织间模型和治理的见解。

（3）了解企业的核心竞争力、市场参与者和重叠点。供应链外包市场的主要参与者将他们的服务扩展到彼此的地盘，在决定授权外包供应商的活动时，可以了解哪些服务是核心服务、哪些不是核心服务。

（4）根据战略和有形因素做出外包决策，而不仅仅是成本。将制造等供应链功能外包的公司，完全基于直接成本，很容易遇到问题。总成本之所以没有像预期的那样改善，是因为外包后客户服务受到影响并伴随质量问题的增加。除了解决制造、保留与购买、外包的强大成本服务分析能力外，企业还必须将质量、响应能力、过去的绩效和风险作为决策标准。

（5）了解腐败和知识产权（IP）风险，在亚洲等主要外包地区因国家（地区）而异。此类数据不仅可以用于外包决策，还可以应用于腐败和知识产权侵权问题更为严重的国家或地区开展业务制定政策、程序和治理时。

（6）建立和维护数据、信息和想法的定期流动。库存水平、客户订单和主数据等数据应每周可见并共享，应更迅速地传达有关重大变化的数据；同时，促销计划、供应商变更或其他会影响外包合作伙伴的决策等信息，也应每周更新和传达。运营和管理人员，应定期交流和讨论提高整体供应链绩效和多层可见性的想法。

（7）定义和跟踪服务水平与关键绩效指标（KPI）。选择外包合作伙伴时，定义的SLA（服务水平协议）和KPI应与关键业务目标和目标相关联。公司的供应链、制造和产品指标的层次结构，有助于确定要衡量的内容，使服务水平协议（SLA）与关键业务目标保持一致，企业就能与外包合作伙伴建立更积极的关系并取得更好的结果。

（8）如果有必要，利用外包合作伙伴的流程、技术和能力。外包提供商可以比其客户更好地执行活动或流程，采用外包提供商的流程，将提高整体供应链绩效。让外包供应商使用自己的技术，可以更快、更轻松地执行所需的功能和流程。

2. 供应链模块化管理

模块化是个产品设计概念，但对供应链的影响深远，因为供应链是从产品开始的，产品设计决定了供应链设计。对企业影响深远的一些供应链战略，如大规模定制、推拉结合、外包/轻资产，都离不开模块化设计的支持。

完整的供应链闭环是以市场和客户需求为导向的，要根据市场和客户需求来进行产品开发、设计或升级，供应链管理涉及以下六大核心管理模块：

（1）市场与客户管理。市场和客户需求应该始终作为整个供应链的开端和导向，客户关系管理的过程就是开发和维护客户关系的过程。客户需求管理强调的是对顾客个性化需求的管理，要能够把顾客的潜在需求及时反馈给设计和生产部门，制造出使顾客满意的产品。通过这个过程，管理者能辨认关键客户和客户需求，并把他们作为公司战略的一部分。整个供应链的运作以顾客的需求拉动，供需协调，能够避免推动式供应链管理的弊端。

（2）产品开发管理。产品的开发管理最需要避免的一个误区就是"闭门造车"。供应链管理的过程，需要客户和供应商共同开发产品，并把产品投放市场。负责产品的设计和商业化过程的团队，应该和市场部门合作，确认客户的需求，和采购团队合作来选择材料和供应商，和生产团队合作，根据市场的需求来发展新产品技术。

（3）计划与需求管理。需求管理是通过有预见性的预测，使需求和供给相匹配，并使计划更有效地执行。计划和需求管理不仅仅指下达订单指令，还包括设计经济订货批量（EOQ），在最小化的配送成本的基础上满足客户需求等。这是一个平衡客户需求、生产计划和供应能力的过程，包括协调供给和需求、减少波动和减少不确定性，从而为整个供应链提供有效支持。

（4）采购与供应管理。为了保持信息的一致性和准确性，供应商与制造商之间需要进行有关成本、作业计划、质量控制等信息的交流与沟通。同时，要实施供应商的有效激励和管理机制，对供应商的关键业绩指标进行评价，使供应商不断改进。

（5）生产与运营管理。生产与运营管理生产组织、生产计划和生产控制工作，以实现预期生产的品种、质量、产量和成本等目标。

（6）仓储与物流管理。仓储与物流的日常管理活动主要包括进、销、存三个方面。在仓储和物流管理中，信息化和可视化的应用十分必要，信息不能及时被采集、整理、分析和使用，会造成极大的资金浪费和库存积压。如何提高库存的周转率和资金利用率，降低原材料、半成品、产成品的库存和流通费用，是仓储与物流管理需要解决的问题。

过去，生产型企业的供应链管理只对单个线性物流和资金流过程进行管理，而现在供应链需要对一系列整合的过程进行管理，不仅要关注产品在原材料采购、生产管理、质量管理、仓储物流、销售售后等资源整合和配置优化问题，也要考虑与整个供应链上下游其他成员的合作关系。

五、供应链联盟，系统级别的供应链战略伙伴

供应链战略联盟，是指在同一条供应链中企业之间形成的合作伙伴，它们的资源、能力和核心竞争力都能结合在一起使用，从而实现企业在设计、制造、产品或服务提供上的共同利益。因此，供应链战略联盟的形成是以供应链战略伙伴关系为基础的，每个成员企业都在各自的优势领域为联盟贡献自己的核心能力，并相互联合起来实现优势互补、风险共担和利益共享。

需要注意的是，供应链战略联盟和供应链是两个不同的概念，供应链战略联盟是一种企业之间的关系状态，而供应链则是供应链上的节点企业为规定各自的行为所采取的一种组织形式。

供应链战略联盟体现了一种基于企业核心竞争力的战略资源整合思想。在全球化时代，独当一面不再是实力的象征。一方面，每个企业都不能忽视战略联盟，否则就有在竞争中被淘汰的危险。另一方面，积极主动寻求合作伙伴的企业可以更好地拓宽业务范围，扩大客户群，发现新的合作渠道，并从其他公司的优势中获益。这样，供应链中的每个环节都分别由效率最高的合作伙伴来完成，实现各个环节对供应链增值的最大贡献。相应的，供应链上各节点企业也实现了最大限度的增值，达到"共赢"的协同效应。

1. 供应链战略联盟的作用

供应链战略联盟的形成，可以降低供应链总成本，降低供应链上的库存水平，增强信息共享水平，改善相互之间的交流，保持战略伙伴相互之间操作的一贯性，提高企业的核心竞争力，产生更大的竞争优势，实现供应链节点企业的财务状况、质量、产量、交货、客户满意度及业绩的改善

和提高。

（1）快速响应市场，这是供应链战略联盟作用的最主要体现。无论是供应链，还是战略联盟，或者各种合作组织的存在，最终目的都是应对快速变化的市场环境，供应链战略联盟也不例外。通过建立战略联盟，供应链上企业之间的合作关系将会大大加强，形成更加统一的整体。所谓商机稍纵即逝，对于企业而言，一旦发现新的市场机遇，面临的最大挑战是能否迅速设计出一套满足客户个性化要求的方案，但仅凭单个企业的能力，多半都无法完成，这种情况下就需要找到能与本企业互补的企业，与之组成联盟，充分利用现有的外部资源，来快捷、低成本地获取所需的资源和能力。各企业并行协调合作，能大大缩短产品开发周期，快速及时地响应市场需求，为顾客提供"个性化解决方案"。

（2）实现优势互补。由于资源的稀缺性，每个企业拥有的资源和能力都是有限的，而且企业要想获取企业以外的资源和能力，所花费的代价也很高昂。因此，企业不能一味地去猎取各种资源，要解决资源问题，明智的做法就是建立战略联盟，通过外取的方式将其他企业的优势资源为我所用。联盟伙伴间互通有无，既可以实现内外资源的优势互补，又能实现资源的合理利用。这种优势互补突出表现在企业的核心能力方面，供应链企业间应建立一种合作竞争的战略伙伴关系，最大限度地培育和发挥各自核心能力，通过优势互补，获得集体竞争优势，提高整条供应链的竞争力。

（3）促进企业间的学习。一般情况下，企业是从外部模仿竞争对手的资源，但许多有价值的资源不仅是非交易的，还难以进行外部识别和轻易模仿，但通过联盟就可以从资源拥有方学习获得。联盟增加了成员企业间的边界渗透力，将模仿由外部转移到内部，使模仿变得更加容易，成本也较低。此外，联盟成员企业完全可以通过信息共享及其他的交流方式互相学习，相互促进，进一步强化各自的核心能力，并可以在拥有自己的核心竞争优势的同时，尽可能地掌握更多的信息和技术。

（4）促进企业实现规模经济。所谓规模经济，是指随着企业生产和经营规模的扩大而使单位成本不断下降。传统上实现规模经济的方式主要是依靠单体企业规模的自我扩大，或借助并购使企业规模不断扩大。但是，企业规模扩大有其自身的内部边界，传统的模式在企业规模过大而内外受阻的双重约束下，没法达到应有的效果，组建供应链联盟为企业实现规模经济开辟了新的道路。企业之间缔结联盟，就可在更大范围内实现专业分化，有效降低各类成本，无须扩大企业自身的规模而实现规模经济，在行业内占据较强的竞争地位。

（5）有效分散经营风险。复杂多变的外部环境对企业的研究开发提出了新的要求，如缩短时间、降低成本。因此，企业想独立承担一种新产品或新技术的研究开发，必定要付出很大的代价，面临着巨额的研究开发投入、错失市场机遇、运营失败等各种风险。在这种情况下，企业可以通过寻求合作，建立联盟来分散经营风险。虽然由于市场不确定性而导致的总体市场风险依然存在，但市场风险在各个供应链联盟伙伴之间得到了重新分配，使各企业承担的风险降到最低，在一定程度上分散了企业的经营风险。

2. 供应链战略联盟应注意的问题

供应链战略联盟有成功的机会，也有失败的风险。对于处于经济开放条件下的企业来说，为了获得持续的竞争优势和保持在市场中的有利地位，必须把握建立供应链联盟应该注意的问题及影响联盟成功的关键因素，进而构建新的创造和发展的基础，使供应链联盟朝良性方向发展。

（1）选择合适的合作伙伴。战略联盟中成员企业之间关系相对松散，市场和行政双重机制同时起作用，战略联盟的成败取决于企业之间真诚的合作，所以要选择有真正合作诚意的伙伴。同时，要尽可能地消除信息不对称所产生的不利影响，还要考虑战略资源互补性、产品线完整性等问题。同时，合作伙伴的产品和市场立足点应能够对公司自己的产品和顾客形成有益的补充。

（2）选择适宜的联盟方式和联盟机构。供应链联盟的方式有很多，包括供应和购买协定、市场或销售协定、提供技术服务协定、管理合同等，无论采取何种形式，都需要根据企业的战略目标，依照企业利润产生的源头，规划符合企业内在发展规律的联盟机构，且联盟机构必须独立且强有力。需要注意的是，为了保护企业自身的权益，供应链联盟必须步步为营，避免重要资源的损失。战略联盟是一个不断讨价还价的过程，合作各方真正关心的内容可能超出法律协议的范围，企业要告诫各层次的员工哪些技能和技术不能向合作伙伴透露，并监视合作伙伴需要什么和得到了什么。

（3）注重联盟企业间的沟通与协作。战略联盟虽然可以给企业带来竞争优势，实现企业战略目标，却非常难以管理。在建立和运营过程中有很多复杂问题和困难，因此，要想实施战略联盟并提高成功可能性，就要具备一种联盟合作思维方式及合作意识，要使所有与战略联盟形成及运作有关的人员都清楚地理解和意识到联盟能给企业带来的利益和风险，并加强联盟成员之间的沟通与协作，在整体战略和企业文化方面达成共识。在供应链联盟中，不同文化产生的摩擦和纠纷是不可避免的，尤其是在国际联盟中，以各民族传统文化为根基的企业文化难免会有碰撞和冲突，管理者不能及时进行信息沟通，解决跨文化融合的难点问题，供应链联盟就难以取得长期稳定的发展，企业核心竞争力也就难以扩展。因此，联盟伙伴之间应当具备对文化差异的充分理解态度和灵活协调能力，相互信任、忠诚守信，为联盟的长久生存和成员企业的共同发展打下坚实基础。

（4）建立完善的信息沟通网络。信息在联盟体内能被迅速传递和处理，是供应链联盟成功的重要前提，也是企业核心竞争力的重要构成之一。联盟企业必须进行积极有效的沟通，使本企业发展目标与联盟目标保持高度一致，使供应链联盟能对瞬息万变的市场环境做出快速有效的响应，充分把握市场机会，完成供应链联盟的任务。

总之，在建立战略联盟过程中，一定要达成以下共识：合作是以不同形式开展的竞争，合作中有竞争和竞争中有合作；尽管参与合作的各方竞争目标不同，但战略目标可能是相同的，应该允许在共同从事的业务中共同发展；融洽不是合作成功的最重要标志，偶尔的冲突是合作中存在互惠互利、优势互补的最好证明；合作是有限度的，企业不能做出战略性妥协，向合作伙伴学习是最重要的任务。

六、数字生态共同体

数字生态是在数字时代下，政府组织、社会组织、企业组织和个人等社会经济主体通过数字化、信息化和智能化等技术，进行连接、沟通、互动与交易等活动，形成的围绕数据流动循环、相互作用的社会经济生态系统。

腾讯云依托腾讯自身连接人与人、人与物以及人与服务的优势，在

"数字生态共同体"中扮演着重要的"连接器"角色。

腾讯在大数据与AI领域具有独特优势。海量数据积累、并行计算处理、算法模型成熟、应用场景多样保证了数据价值得到最大挖掘，有利于建立完整的"数字生态共同体"。

作为腾讯技术能力的对外开放窗口，腾讯云将腾讯多年积累的技术优势立体化输出，人机对话、智能客服、智慧法院、智慧会场、天眼系统、直播审核、舆情服务、智慧推荐、智能搜索、客服质检、人脸核身、OCR/MR（混合现实）等场景为各行业提供多种智慧解决方案，推动各行业数字化升级，使得"数字生态共同体"更智能。

营造良好数字生态，有利于充分激发数字技术的创新活力、要素潜能、发展空间，引领和驱动企业结构调整、产业发展升级，为加快建设数字经济提供良好环境和有力支撑，企业必须主动适应数字化变革的时代潮流，营造良好数字生态，打造数字优势，赢得发展先机。

如今，整个社会通过云化逐渐成为一个"数字生态共同体"。只有各种资源和能力实现云化共享，真正纳入数字化管理，才能实现大范围匹配后的精准分配或科学分工。

很多企业由于理念意识、业务基础、资金实力等因素限制，数字化转型推进比较缓慢，普遍存在"不敢转""不能转""不会转"的问题。要想解决企业数字化转型问题，就要打造一个协同发展的数字生态共同体，使企业可以"有势可乘，有力可借"，在数字化转型之路上加速前进。

1. 数字生态为企业厚植成长的沃土

在数字化转型中，数字生态是一个由政府、企业、科研院所、消费者等利益相关方共同参与，以数字化基础设施、产业互联网平台为抓手，以参与方之间物质、资金、信息、人才等要素流通的数据为载体,以数字化、网络化、智能化技术驱动数据在利益相关方闭环流动的经济系统。

数字生态中的利益相关方紧密交织,传统完全竞争的排他性关系转变为利益共享的共生共赢共同体;传统以产品为中心的生态构建模式,在数字经济时代转变为以人为核心、以服务为核心的利益相关者至上的价值共创模式。这就催生了数字生态"利益相关者至上"的可持续发展理念。

企业作为经济系统中综合竞争能力比较薄弱的参与方,在数字生态中以"技术借力"和"商业借力"吸收养分,成长壮大。在开放、包容的生态环境中,平台企业开放底层技术接口,联合服务提供商通过识别共性需求并提供模块化解决方案,丰富平台 SaaS 供给能力,解决不同发展规模、不同发展阶段企业的数字化转型需求,突破企业数字化转型技术壁垒,促进企业融入技术生态,紧跟新技术发展步伐。

在数字时代,企业的成功离不开协同合作的数字生态。企业想要解决成本不够、能力不足、路径不清晰等问题,想要获得更多的资源和数据价值,想要促进各类要素有效流通、使用,实现对产业链、价值链的优化升级和融合融通,就要共建可信、可靠的数字命运共同体,在营造良好的数字生态上下功夫。

2. "数字生态共同体"的打造路径

要想打造"数字生态共同体",就要关注以下几方面的内容:

(1)深度融合。企业要将线上线下打通为一体,让技术寻找到可落地的产品,让具体的应用找到技术支持。

(2)云化分享。通过云化创新,让云化分享源源不断地为企业提供各种工具和能力,努力实现各行业在云端用人工智能处理大数据的图景。

（3）智慧链接。链接是实现深度融合、云化分享和未来一切变化的基础，也是提供智慧解决方案的基础。在数字化生态体系中，要做好"心"与"芯"的沟通。

（4）全用户。如今，以互联网为基础的数字平台正在转变为"全用户"平台，数字平台的用户光谱正在从 C 端个人用户迅速拉长到 B 端几乎所有的商业企业用户，甚至 G 端的公共服务机构用户等"全用户"平台。

（5）大内容。海量数字内容的生成与分发正在促成"大内容"。"大"不仅指规模数量和品种类型多，更包括内容生成土壤的肥沃、不同内容间交融创新的活跃、内容分发渠道的丰富等。

（6）新科技。与合作伙伴一起探索新科技，共同成长为技术的驱动者和贡献者，未来新技术的变革一定会带来很多重新洗牌的新机会和颠覆性的变革。

（7）宽平台。致力于打造坚持共生共赢的"宽平台"。在"数字生态共同体"中，竞争的目的不是你死我活，而是通过更好地激发创新来解决用户痛点，让整个生态的发展有可持续性。

第七章 构建数字化供应链的数字能力

一、新兴技术应用能力

1. 追求新兴技术

如今,全渠道供应链正面临不断增长的需求,例如:高价人工成本、快速履单期望、严格合规要求、更紧迫的时间、不断改变的法规,以及准确性的挑战等,传统流程已不足以跟上步伐,信息技术和智能技术的发展给供应链数字创新提供了无限可能。

数据是供应链数字化的基础,各大系统的建立与运行都需要根据历史数据来进行分析、判断和执行。由此,尽管数字化创新开始于企业内部,但数字化创新真正活跃的领域是在企业边缘。以制造行业为例,工厂的制造过程,基本上可以分为"进货—制造—装配—检测—出货"等流程。为了更好地利用数字化来赋能,就要在供应链的每一个环节都及时准确地获得第一手信息。

在进货环节,利用定位、视觉、RFID、AR、VR等技术,对原材料进行识别和赋码,从源头明晰产品信息并录入系统。

在制造、装配环节,利用定位、RFID等技术,及时获取生产线材料短缺、管理/界定质量问题时的零件类别、人员呼叫等信息,及时采取应对措施。

在检测环节,利用机器视觉和深度学习技术,不仅能够更精确地识别出不合格产品,还可以大大降低劳动力成本的投入。

在出货环节,在化工类等对温湿度要求比较严格的产品中,通过RFID技术,可以设置阈值标签,随时了解产品状态。

2. 评估新兴技术对业务的影响

数字化时代,产品差异化需求不断扩大,标准化、规模化、专业化的供应链管理需要规模化解决个性定制产品的需求,因此在传统的计划、采购、制造、交付等主要功能之外,设计的重要性更加凸显。新技术的运用,进一步解决了供应链在制造环节之外因为个性化产品带来的新瓶颈,如产品设计、产品服务等。人工智能、区块链等数字技术的运用,就能有效串联、整合和分析各方业务数据,推动供应链高效、协同、透明、智慧地发展,实现供应链的降本增效。

(1)人工智能。嵌入人工智能技术的供应链,可以根据经济周期、地缘政治、天气、经营情况等内外部数据和供应链策略,预测可能发生的问题、新需求等,并自动设计、决策和执行相应解决方案。例如,阿里云基于数据中台,帮助某头部乳业品牌拉通了采购、生产、计划、物流和销售各部门数据,设计并形成了内外部的全链路分析场景,打造了供需端到端协同,并通过人工智能算法帮助该企业综合库存、运力、需求、运输时间等,设定了基地仓到总仓和总仓间调拨计划和排单计划,将人工效率提升了20%以上。

(2)区块链。区块链具有去中心化、不可篡改、公开透明等特点,可以为供应链上下游企业提供互相信任基础,保证区块链上数据的安全性和保密性,简化操作流程,使信息变得更加透明化。

（3）5G+物联网。应用5G与物联网等技术，制造业全产业链就可以打破限制进行更广泛的连接，从而打通信息孤岛，并推动数据、资源要素在产业链上下游的高效共享，实现全局资源协同。比如，新宝电器与阿里云合作构建供应链协同平台，将35家核心供应商接入平台，同步订单计划变动、生产安排调整等信息，系统整体运作效率提升了10%，同时实现了供应链的透明化可控。

3. 应用新兴技术给企业带来利益

应用新技术，可以帮助企业提高效率、节约成本，改善客户体验和参与度等，这些好处都已经成为共识。

（1）提高效率。数字技术的应用可以实现自动化和简化业务流程，节省时间和精力，使员工可以更专注于增加价值的工作，提高整体的工作效率和生产率。例如，工作流程自动化，不仅可以简化人力资源流程，如入职和员工绩效评估，还可以减少人工错误的发生率，并提高流程的整体效率和质量。

（2）改善客户体验。运用数字化工具和平台，企业就能增强与客户的互动，为客户提供个性化和无缝的体验，从而帮助企业建立客户忠诚度，提高客户保留率，并最终推动更多销售。例如，聊天机器人可以快速高效地解决客户问题，提供快速和高效的客户支持，让客户感受到企业对他们的关注和尊重，建立更强的客户忠诚度。

（3）更高的敏捷性和响应能力。采用数字化流程和敏捷方法，企业可以快速适应新的发展和机遇，提高其灵活性和敏捷性，更好地满足客户的需求，并快速地响应新兴趋势和技术，这样就能在与对手的竞争中保持领先地位。

（4）增强协作和沟通。基于云的软件、视频会议平台等工具，团队成员就可以方便地进行远程协作和沟通，无论他们身在何处。这不仅能提高工作效率，还有助于更好地运营并做出更快、更明智的决策。特别是在当前这个全球化的时代，数字工具的使用可以缩短团队之间的距离，让他们随时随地保持沟通和协作。

（5）提升竞争力。通过新技术的应用，企业就能更好地了解客户，了解他们需要什么，以及如何为他们提供更好的服务。此外，还可以帮助企业跟上市场的变化和趋势，快速响应市场需求，并调整产品和服务，从而在竞争激烈的市场中保持领先地位，获得更多的业务和利润。

（6）提升安全性。通过数字工具和平台，企业就能更好地保护其数据和系统，减少网络威胁和其他安全事件的风险。例如，使用加密技术，可以保护客户数据的机密性；使用网络防火墙和反病毒软件，可以防止恶意软件和病毒的攻击；使用安全审计工具，可以监控网络活动并识别异常行为。

（7）加强可持续性。数字工具和平台的运用，可以促进流程自动化和数字化，减少对纸张和其他物理材料的需求，进而减少对环境的影响。例如，使用数字工具，可以管理和跟踪物流和库存，减少不必要的运输和浪费。此外，还可以帮助企业更好地监控和管理其对环境造成的影响，并采取行动来减少对环境的负面影响，提高环保声誉和社会责任感。

（8）数据驱动决策。新技术的运用，可以帮助企业收集和存储数据，快速分析和提取有用的信息，使企业更好地了解客户、市场趋势和其他业务关键指标，帮助他们做出更好的决策，更快地适应变化的市场需求。例如，通过数据分析工具，企业就能深入了解客户的行为和偏好，制定更有效的营销和销售策略，增强客户满意度和忠诚度。

二、企业架构能力

1. "大中台、小前台"的组织机制

要想构建数字化供应链，就要构造"大中台、小前台"的模式，具体如下：

大中台，就是要提炼各业务条线的共性需求，并将这些打造成组件化的资源包，然后以接口的形式提供给前台各业务部门使用，使产品在更新迭代、创新拓展的过程中研发更灵活、业务更敏捷，最大限度地减少"重复造轮子"的 KPI 项目。

小前台，就是在要做什么业务、需要什么资源时，直接向公共服务部索要，搜索、共享组件、数据技术等模块不需要每次去改动底层进行研发，完全可以在底层不变动的情况下、在更丰富灵活的"大中台"基础上获取支持，让"小前台"更加灵活敏捷。

"大中台、小前台"的核心理念是，让懂业务的人指挥资源，将原本分散在各条线的公线资源全部回收，由前台负责创新和业务的人员独当一面，减少传统架构中要解决的层层审批与沟通带来的效能降低情形。

例如，阿里的人事行政打破了原来的架构，将它们合并在一起，按照不同的客户来划分团队，相当于是小前台的角色，后面也有支撑平台。这种变革，是先合并，再拆分，将团队做小，使其更灵活，更有活力，能快速应对客户需求。除了平时支持业务线，还能根据不同业务线的不同项目需求，自由组合成不同样式的支持体系。

搞"大中台、小前台"的好处是什么？

（1）服务可重合使用。通过松耦合的服务带来业务的复用，不必为不同的前端业务开发各自对应的相同或者类似的服务，例如，淘宝和天猫不必各自都开发一个评价服务。

（2）服务被滋养。服务需要不停地被滋养，因为只有滋养，才能从最初仅提供单薄业务功能的服务逐渐成长为企业最宝贵的IT资产，而服务所需的滋养正来自新业务的不断接入。

（3）服务助创新。共享服务平台中的诸多服务都经过了清晰的沉淀，可以通过重新编排、组合，快速响应市场，达成创新。

（4）服务敢试错。试错和创新有着千丝万缕的关系，有时甚至可以画等号，部分试错还会变成创新。共享服务平台具备快速编排、组合服务等能力，可以以较小的成本投入构建新的前端业务，即使失败，公司损失也很小。

2. 采购组织与研发及质量平等沟通的能力

有时采购部门认为十万火急的事，到了研发、质量等其他部门口中，会变成"芝麻绿豆大的事"；原本应该合作解决的问题，到了跨部门会议上，又会沦为"各弹各的调"，找不到共识。不同部门的立场与利益不同，到底怎样才能把话说清楚，把成果做出来？为什么跨部门沟通这么难？其实，只要掌握几个典型基本原则，就能进行无障碍的跨部门沟通。

（1）沟通前先做好准备。跟其他部门讨论事情之前，要先搞清楚一些基本问题，如果毫无准备，就可能得不到你想要的东西。下面的几个问题应该事先想清楚：你希望对方帮你做什么事？你认为他会要求你做什么？如果对方不同意你提出来的做法，有没有其他选择方案？如果双方没共识，你会有什么后果？对方又会有什么后果？

（2）了解其他部门的语言。很多时候，跨部门沟通不良都是"语言不通"所引起的。比如，营销人员平常讲的是"相同语言"，清楚自己部门的规则、目标与期望；财务、生产、人资等部门，也有自己的语言与观点。因此,想要沟通顺畅,前提就是"听懂对方的语言",试着站在对方的立场思考:"这么做,对业务部的业绩有帮助吗?""如果我是他,会接受这种做法吗?""这个方法真的有用吗?"

(3)开诚布公的交谈。采购部门面对的是必须长期共事的同事,因此,凡事都要以诚实为上策,最忌欺骗和隐瞒,否则会破坏信任关系,加重彼此的防御心。相反,互信会让双方在沟通时打开心防,明确说出自己的需求与考虑,提高合作意愿,共同解决问题。

(4)不要害怕冲突。在跨部门会议上,各主管为了维护自己部门的利益,难免会出现一些摩擦。有些主管,尤其是新手主管,为了怕把气氛搞僵,还会沉默寡言,以维持表面的和谐。千万别把"没有冲突"跟"意见一致"混为一谈,因为有时候太过和谐反而凸显不了你对议题的重视,问题也不会获得真正的解决。因此,态度要柔软,但立场要坚定,要和其他部门保持良好关系。

(5)多提选项,保持弹性。进行跨部门协商时,不要执着在单一做法上,要开发多元选项。例如,一次提出3—5个方案,让其他部门经理有更大的选择空间,有较大的弹性调整自己的支持度,即使变换立场,也不觉得有失颜面,这就降低了沟通时的人际冲突。

(6)创造共同目标,一起合作。各部门间同时存在合作与竞争关系,若想进行建设性的沟通,就要强调彼此的合作关系。竞争愈淡愈好,合作的关键在于拥有共同目标。因此,要创造一个横跨各部门的共同目标,然后一起努力,即使出现争执,也没关系。

(7)尊重沟通对象的权力。不同部门的负责人都是各自管辖范围内的决策者,他们也期待别人尊重自己的这种权限。因此,进行横向沟通时,一定要挑对对象。比如，最新的网络营销计划下周就要实施，但信息部门的网站建置还未完成，这时不要立刻跑去找负责的工程师，应该找他的主管，进行协调，找出解决之道。总之，跨部门沟通时一定要注意彼此位阶的对等关系，以免造成不必要的误会。

（8）确保沟通信息无误。很多时候，跨部门会议中所决定的事项必须交由各部门的一线人员去执行，只有确保所有信息传达无误，才不会让好不容易达成的共识大打折扣。为了确保沟通信息无误，可以利用以下几个方法：向对方重复沟通中的主要内容；利用澄清的方式提出不明白的内容；谈论重点议题时尽量不要打断对方讲话。

3. 解决不同数字化工具的信息共享，消除信息孤岛

数据是企业的重要资产，尤其是在企业信息化建设过程中，精准有效地进行数据管理，是数字化转型的核心要务。然而，数据在不同的部门或者系统之间的流动、共享以及分析，才是数据管理的价值所在。因为，通过数据共享，能够最终实现企业内部数据即时获取和共享共用，保证企业业务数据的流通和共享，提升企业协作效率。比如，项目管理部门将供应商项目绩效信息共享后，财务部门可以根据该信息进行应付控制，采购部门可以根据该信息调整供应商合作策略，实现价值提升。

三、数据分析能力

1. 数据分析帮助运营与决策

随着互联网和大数据的快速发展，数据分析已经成为企业决策和运营的重要工具，运营人员掌握一些数据分析的知识和技能，就能更好地理解和利用数据，从而提升业务效果和决策的准确性。

首先，帮助运营人员识别问题和机会。对大量的数据进行分析，运营人员就可以发现产品或服务存在的问题，如用户流失、转化率低、用户体验差等。同时，还可以发现潜在的机会，如新的市场需求、用户行为变化等。通过对数据的分析，就能及时发现问题和机会，并采取相应的措施。

其次，帮助运营人员制定改进措施和优化策略。通过对数据的深入分析，运营人员就能找到问题的根本原因，并制定相应的改进措施。比如，分析用户行为数据，就能发现用户在某个环节流失较多，优化该环节的设计，就能提高用户忠诚度；分析用户反馈数据，如果发现用户对某个功能的满意度较低，就可以改进该功能的设计，更加客观地评估不同策略的效果，制定更有效的优化策略。

再次，帮助运营人员监测和评估业务的表现。通过对关键指标的监测和分析，运营人员可以了解业务的整体表现和趋势，如分析销售数据，了解产品的销售情况和趋势；分析用户行为数据，了解用户的活跃度和留存率……以便及时发现业务的问题和变化，并采取相应的措施。

最后，帮助运营人员进行精细化运营和个性化营销。对用户数据进行分析，运营人员就能了解用户的兴趣、偏好和行为习惯，更加精准地运营和营销。比如，分析用户购买记录和浏览行为，就能给用户推荐个性化的产品或服务；分析用户的反馈和评价，可以改进产品的设计和服务的质量，更好地了解用户，才能为用户提供更好的用户体验，提升用户的满意度和忠诚度。

2. 数据分析与业务绩效结合

在竞争激烈的市场中，为了提高销售业绩，销售团队需要不断寻找新的方法和策略。而数据分析正是针对这种情况的一种强大工具，它可以帮助企业了解市场需求、优化销售策略、个性化营销,并最终实现销售业绩的提升。

(1)客户细分。数据分析,可以了解不同客户群体的需求和偏好,进行客户细分,企业就能更加精准地针对不同客户群体制定个性化的销售策略,并为其提供定制化的产品和服务,从而增强客户黏性和忠诚度。

(2)销售预测。通过对历史销售数据的分析,可以预测未来的销售趋势和需求变化,根据销售预测结果,做出相应的调整和决策,如调整库存、制订促销计划等,以提高销售效益和降低风险。

(3)产品定位和定价策略。通过数据分析,企业就能了解产品在市场中的定位和竞争情况,优化产品定位和定价策略;通过对竞争对手的数据进行分析,可以了解竞争对手的定价策略和市场份额,从而更好地制定自己的定价策略,进而提高产品的竞争力和市场占有率。

(4)市场推广计划。通过数据分析,企业就能了解市场推广活动的效果和回报,优化市场推广计划。通过对市场数据的分析,还可以了解哪些渠道和媒体对销售业绩的贡献最大,从而有根据地调整市场推广的投入和资源分配,进而提高市场推广的效果和效益。

(5)客户满意度调查。通过数据分析,企业就能了解客户对产品和服务的满意度和反馈意见,改进产品和服务。通过对客户满意度调查数据的分析,企业还能了解客户的需求和期望,找出产品和服务的不足之处,并进行改进和创新,提高客户的满意度和忠诚度。

3. 建立专业数据分析团队

专业的数据分析团队,可以让企业从原本缺乏洞察力一跃领先于竞争对手。那么,如何搭建这样的数据分析团队呢?

（1）提供现代化的高效工具。专业的数据分析团队需要专业设备和充分授权，要能够访问他们所需的数据，并要拥有最新的硬件、最新的软件和数据访问权限，这也是成功获得数据的基础。有了可操作的数据，管理者就能自信地做出实时的、数据驱动的供应决策。

（2）通过内部培训计划培养人才。数据分析专业人员很短缺，人才竞争非常激烈，如果公司拥有这些资源，可以为他们提供内部培训和持续学习计划，这可以是内部课程或者外部课程。这些培训计划还可以是导师制，或者跨职能团队一起分享经验和知识的形式。

（3）吸引一流人才。对于数据分析团队来说，如果团队中已经有优秀人才，就可能会更容易吸引其他优秀人才。优秀的人在精神和理解层面往往具有一致性，因此数据分析团队中优秀人才对数据的处理能力和行事做派会吸引团队外同样具有优秀数据处理能力的人加入团队，从而使团队一流人才聚集，团队整体变得更优秀。

（4）多元化放在首位。员工的多元化是很多企业组织关注的焦点，数据分析团队应该也是如此，例如，包括多元化的工作经历，最好组建一支具有不同专业背景的团队。

（5）让团队成员感到愉悦。考虑到当前市场对数据分析师的需求，如果组织未能让分析团队成员满意，他们可能会选择离职加入其他公司。因此，团队应该设置奖励里程碑，并允许分析师提升自己并继续学习新技能。

（6）与组织中不同职能展开互动。专业的数据分析团队不应该是在"真空"中工作的，与其他人展开互动，有助于团队了解业务目标；与组织中的其他人分享数据分析的重要性，有助于建立牢固的关系，提供出色的解决方案，为组织作贡献。

（7）营造"数据知情"文化。高度重视所有数据的组织，可以推动整个数据分析团队的成长。

4. 建立"以数据说话"的组织文化

所谓"用数据说话"，就是要把问题量化，也就是数据化。

在这个世界上，多数事物都可以量化，因为只有量化了，才能暴露出问题的严重性。比如，员工抱怨自己工作量太大，无法再承接新的工作任务，这是表象，但如何暴露问题的严重性？可以制作一张表格，统计员工的工作内容和耗用时长，观察员工工作量的饱和度。

现实中，很多企业内部都会出现"吵架"的场景：销售部门埋怨生产部门没有完成订单导致供不上货、客户不满意；生产部门说销售部门插单，导致生产计划经常被打乱，同时抱怨采购部不能及时补料，影响正常生产；采购部抱怨销售部的订单所需求的某一种物料的采购量太小，无法满足供应商的最小起订量。

其实，"以数据说话"，就可以把这些问题量化：

统计每次插单对应的销售员、客户等维度的数据，从数据中发现是否总是由某个客户、某个销售员引起插单，并对客户和销售员进行特别管理；

统计插单的产品类型和真实需求时间，决定是否可以把多个插单合并成一个订单；

统计小批量采购的货品名称、数量与时间间隔，决定是否可以并入到一个采购订单。

5. 整合及优化内外部资源

资源整合，对于企业的商业模式创新具有至关重要的影响，为了适应市场变化和满足客户需求，企业需要不断地优化和改进自身的商业模式。此外，资源整合还能帮助企业更好地管理和利用内外部资源，提高资源利用效率，增强企业竞争力，实现商业模式的创新和转型。

（1）内外部资源协同。在资源整合过程中，企业不仅要关注内部资源的利用和优化，还要积极寻找和利用外部资源。通过内外部资源的协同作用，实现资源的优势互补和互利共赢，进而提高企业的竞争力和创新能力。

（2）优化资源配置。合理地配置和利用内外部资源，企业就能实现资源的最大价值。企业要根据自身情况和市场需求，对资源进行分类和评估，并制定相应的资源配置方案，提高资源的利用效率和企业的经济效益。

（3）动态调整资源。随着市场环境的变化和发展的需要，企业只有不断地对资源进行动态调整，才能更好地适应市场变化和满足客户需求，并提高企业的应变能力和竞争力。

四、数据安全能力

1. 数据生命周期安全

数据生命周期，是指数据从产生、使用、处理、存储、共享、销毁等各环节经历的整个过程。企业要全面了解数据生命周期的各个阶段，掌握每个阶段的数据安全风险，制定相应的安全措施，确保数据在各环节中的安全性和完整性。

数据安全管理是指，对数据进行规范化、标准化的管理，包括对数据的存储、传输、处理、使用等环节进行安全管控。企业要建立完善的数据安全管理制度，制定相应的数据安全管理流程和标准，确保数据在生命周期内的安全性和完整性。

（1）数据采集安全。数据采集前，应当明确数据采集的目的、用途、方式、范围、采集源、采集渠道等内容，并对数据来源进行源鉴别和记录；制定明确的采集策略，采集经过授权的数据。采集终端体量大、种类多、数据源多，数据采集范围越大，在采集过程中就越容易受到黑客的攻击。同时，到目前为止，很难单独从技术上解决数据源真实性问题，因此在结合密码技术保证采集数据的完整性的同时，还需要配合监控、监测和人工审查机制，降低引入不良数据的概率和防止黑客篡改数据，以避免导致安全问题。

（2）数据存储安全。为保障数据的高可用性，应采取一系列措施确保数据备份与恢复工作。

（3）数据传输安全。运用数据泄露防护技术、大数据分析技术等，就能进一步提高发现和阻止数据泄露的可能性，有效实现数据传输的安全。为了防止数据泄漏，在数据传输过程中，应采取一系列数据加密保护策略和安全防护措施：采用防火墙、入侵检测等安全技术或设备，确保数据传输网络的安全性；不同网络区域或者安全域之间应进行安全隔离和访问控制；对通信双方进行身份认证，确保数据传输双方是可信任的；采用数字签名、时间戳等方式，确保数据传输的抗抵赖性等。

（4）数据处理安全。数字化供应链中，数据中流动着大量的用户敏感数据，一旦这些数据被黑客窃取，很可能会对用户的合法权益造成严重损害，因此企业要保障数据从高等级安全域流动至低等级安全域过程的安全性，如数据从生产系统至运维终端、移动存储介质等情形。

（5）数据交换安全。频繁的数据交换，会带来交错复杂的数据流动路径，数据不再是单向流动的，也不再限于在单一系统内部流转，并可以无成本复制和共享。但随着数据共享频率增大，数据将更难以追踪。因此，当数据在不同部门或机构之间进行分享，包含与行业主管部门的数据分享时，各方均应承担该数据的相关权利和义务。

（6）数据销毁安全。数据销毁，是指通过各种技术手段将存储的数据彻底删除，保证数据不被恢复，从而达到保护关键数据的目的。各企业在合规有效利用数据、共享数据的同时，应做好关联企业管理，在数据所有方授权的情况下，采取正确的方式销毁数据。当清除系统和设备中的数据时，需要保持不可被检索、访问的状态，并在执行数据删除工作时遵循安全要求。

2. 安全能力维度

（1）组织架构。主要内容涉及：数据安全组织架构对组织业务的适用性；数据安全组织承担的工作职责的明确性；数据安全组织运作、沟通协调的有效性。

（2）制度流程。主要内容涉及：数据生存周期关键控制阶段授权审批的明确性；相关流程制度的制定、发布、修订的规范性；制度流程实施的一致性和有效性。

（3）技术工具。主要内容涉及：数据安全技术在数据全生命周期过程中的利用情况，应对数据全生命周期安全风险的能力；利用技术工具对数据安全工作的自动化支持能力，对数据安全制度流程固化执行的实现能力。

（4）人员能力。主要内容涉及：数据安全人员所具备的数据安全能力是否能满足实现安全目标的能力要求；数据安全人员的数据安全意识，以及关键数据安全岗位员工的数据安全能力的培养。

3. 能力成熟度等级

（1）高效的无序（非正式执行）。组织在数据安全过程中不能有效地执行相关工作，仅在部分业务执行过程中根据临时的需求执行了相关工作，未形成成熟的机制，执行相关工作的人员未达到相应能力。所执行的过程被称为"非正式过程"。

（2）低效的秩序（计划跟踪）。主要内容包括：对安全过程进行规划，提前分配资源和责任；对安全过程进行控制，使用执行计划、执行基于标准和程序的过程，对数据安全过程实施配置管理；确认过程按预定的方式执行，验证过程的执行与计划是一致的；控制数据安全过程执行的进展，通过可测量的计划，跟踪过程的执行，当过程实践与计划产生重大偏离时采取的修正行动。

（3）低效的有序（充分定义）。主要内容包括：组织对标准过程进行制度化，为组织定义标准化的过程文档，为满足特定用途对标准过程进行裁剪；充分定义的过程是可重复执行的，并使用过程执行的结果数据，对有缺陷的过程结果和安全实践进行核查；确定业务系统内、各业务系统之间、组织外部活动的协调机制。

（4）中效的有序（量化控制）。主要内容包括：为组织的数据安全建立可测量目标；确定过程能力的量化测量，使用量化测量管理安全过程，并以量化测量作为修正行动的基础。

（5）高效的有序（持续优化）。主要内容包括：在整个组织范围内对规程的使用进行比较，寻找改进规程的机会，并进行改进；制定处于持续改进状态下的规程，对规程的缺陷进行消除，并对规程进行持续改进。

第三部分
精细对标式数字化供应链案例分析

第八章 企业的战略后勤和供应链都是个性化模式

一、合适的产品配合适的供应链

我们接触的产品基本上可以分两类：一类是功能性产品，另一类是创新性产品。功能性产品的特点是，生命周期长，产品种类少。我们身边接触的类似基本款的衣服，生命周期都较长，相对好预测，主要是吸引客流，可以让工厂在淡季的时候利用产能，但销售价格低，成本压力大。所谓创新性产品，就是差异化路线，生命周期短，型号种类多，类似流行和潮流衣服。潮流和流行款的生命周期较短，却是提高企业品牌不可或缺的，好处是毛利很高，但预测准确度低，得靠供应链的快速响应来弥补。

两种不同的产品，对供应链的要求不一样。功能性产品面临的竞争更激烈，成本压力很大，需要经济型的供应链来支持。如何才能降低成本？产能利用率越高，库存周转越快，单位成本才会越低。而创新性产品，由于需求预测准确度低，计划先天不足，需要执行来弥补，即需要响应型的供应链来支持。怎么才能响应得快呢？很简单，要么保持一定的缓冲产能，要么维持大量的库存，但这两种方法都需要支付高昂的成本。

1. 不同产品类型匹配合适的供应链类型

一方面，功能型产品应该与成本效率型供应链匹配，创新型产品应该与快速响应型供应链匹配。另一方面，因为竞争加剧及行业利润的原因，各行各业新产品推出的数量快速增长，让许多产品从传统的功能型产品变成了创新型产品，但这些公司仍然是效率型供应链，仍旧衡量效率，如工厂产能利用率和库存周转率，因为他们擅长于此。然而，市场会持续推动他们去关注响应速度，如产品是否随时可以供货。那么，公司如何突破这种困境呢？

这取决于产品因创新带来的额外利润能否超过供应链转型带来的成本损失。如果公司的产品线具有"利润低，经常推出新产品，产品种类多"的特征，就应该从创新型产品变为功能型产品。

2. 功能型产品匹配成本效率型供应链

成本优化是我们熟悉的领域，许多公司已经持续优化了很多年。但是，随着公司积极地优化成本，他们逐渐达到了自身的极限，逐渐意识到，与上下游伙伴更好地协作，组织才能获得更多的成本优化空间。

成立于1974年，在全球主要国家均设有工厂、销售办公室及销售渠道的美国Campbell公司，在推行持续补货计划项目的过程中，开始意识到滥用价格促销对供应链效率的负面影响。

公司每年1月都会给零售商提供折扣，零售商为了能够低价买入，会下达一整年的全部订单。行业内将这种活动称为"forward buying（期货收购）"，最直接的后果就是，零售商的库存高增，制造商的需求突增。

事实上，从长期来看，双方都没有从这个降价中获益。公司沉迷于滥用价格促销，企图利用把需求往前提的促销来达成季度销售额目标，但由于下个季度的需求被当前季度提前满足，到了下个月，就只能用同样的手段去操作，最终导致原本相对可预测的、稳定的需求变成混乱的、波动巨大的需求。

Campbell 意识到这个问题后，不再向零售商提供"forward buying"，只提供一个均价（是之前降价活动存在时整年的一个均价水平），或者为销售量有显著增加的零售商提供特殊折扣。这样的改变，使得 Campbell 的销售额和利润猛增。

可见，如果公司能让供应商降价一分钱，让客户接受涨价一分钱，将对公司利润产生重大影响。

基于这种供应链关系的竞争模型，整个供应链的利润和成本是固定的，制造商和零售商通过价格谈判相互竞争，获得整个链条上更多的利润。相反，Campbell 的持续补货项目则是通过削减整个供应链的成本来增加利润的绝对值。

当然，这种基于合作的模型也有一些潜在陷阱。

多数情况下，公司寻求合作是因为已经不能通过其他方式创造更多利润，它们同时扮演合作和竞争的角色。但这种战术是行不通的，因为两种角色的行为方式有本质不同。比如，信息共享。如果你是我的供应商，双方正在进行价格谈判，你最不想让我知道的就是你的成本。但是，只有让我知道你的成本，我们才能共同努力削减整个供应链的成本。

3. 创新型产品匹配快速响应型供应链

要清醒地认识到，需求的不确定性是创新型产品固有的。因此，我们要打造能够更好地支持这种特点的供应链。回报和风险往往成正比，只有接受这种需求的不确定性，才有可能通过以下三种策略来管理不确定性：尽可能地减少不确定性，如获取更多新的市场信号数据源，或让不同产品共用更多的部件；减少交货提前期（Lead Time）和增加供应链的柔性，避免不确定性；增加额外的库存和产能，缓冲不确定性。

Notional Bicycle（NB）是一家既有功能型又有创新型产品的单车公司，不知道从哪一年开始，市场发生了变化，来自中国台湾地区和韩国的厂商以更低的价格抢走了公司的份额。NB工厂在日本本土，人力成本昂贵，使得NB无法与他们打价格战。为了解决这种困境，管理层进行了充分的调研和分析，最终决定要将创新型产品发挥到极致，从尺寸、颜色、配件等方面进行细化，推出了将近200万种选择组合。选择这种高度定制化单车的消费者与选择功能型单车的消费者不同，他们完全不介意为此等上两周。调整策略后，公司在日本的市场份额从5%上涨到了29%。

NB的成功就是一个创新型产品避免不确定性的最佳实践证明。NB虽然不知道客户何时会下单，但它的供应链系统却能使得需求和供应匹配。

二、从工厂到用户的直营模式对于供应链的挑战

所谓用户直达就是，改变传统的产品流通模式，由原来的产品需要经过代理商、经销商、零售商后才能到达用户手中，变为产品由厂家直发到达用户。

以前传统商品流通的链条太长，如今随着竞争的日益激烈和线上的冲

击，过长的商业流通链条已经无法适应今天的市场变化，必须进行短链的变革，把整个的链条变短。

用户直达就是品牌商把以往的线下流通、层层代理的多环节渠道模式，变成当前的线上电商模式。

过去，要想将一个产品卖给消费者，中间要经过代理商、分销商和零售商，层层分销，仅商品的仓库物理就转移了很多次，而在今天这个时代，一切就变得非常简单。比如，一个美的的电饭煲从工厂到消费者手中，真正的成本大约只有10元，只要支付10元快递，就可以发到全中国任何地方。

在零售业中，供应链扮演着关键的角色，囊括了从原材料采购到生产、仓储、物流再到最终销售的全过程管理。供应链的良好运作，可以帮零售商提高产品可用性、降低库存成本、缩短交付时间，并实现销售端与供应端的协同。

当然，整个过程由多个节点企业共同参与，在各流程、各环节、各企业间都有不同的问题和挑战。

1. 供应链的复杂性和风险不可预测性

如今，几乎所有的企业都在面临的一个问题，就是供应链越来越庞大、产品线越来越丰富以及个性化需求越来越多。而要想为不同的客户提供不同品种的产品和服务，就需要一个复杂的供应链系统，甚至可能是一个由全球性供应商、分包商、各地工厂、仓库、运输商、客户、代理商、售后服务等组成的庞大网络。

网络的复杂性难以解开，尤其是当这个庞大的系统出现问题时，是很难快速找到问题出现的点和原因的。在供应链内，主要风险有信息传递错误、采购或物流中断、仓储管理混乱、物料计划紊乱等,而在供应链外部,则存在市场的不确定性、行业和经济的周期性、政策和法律风险以及自然灾害之类不可抗风险,这些都会使供应链受阻或中断。只有擅长供应链管理的企业,才知道如何细分产品、如何开发新产品、如何满足顾客需求,并采取正确的措施去制定供应链战略、优化供应链各环节的流程、维护供应链网络和资源。

2. 供应链效率低下,响应速度滞后

无论是需要降低成本或库存,需要提高客户满意度,还是想通过提高供应链的响应速度来应对市场的快速变化,都很难快速改善。

供应链效率的提高,依赖于信息传递的真实、迅速,依赖于组织的内部协同和各环节作业流程的优化。各节点的数据信息传递是否准确、信息处理和反馈是否快速、不同业务部门之间的协同是否良好、组织内部的职责是否明确、供应链各环节的流程体系是否清晰、组织成员是否相互推诿责任等,都会影响供应链效率。尤其是基础岗位,每个人各自为政,没有整体供应链概念,业务部门之间的合作和沟通也就成了导致供应链整体效率低下的主要原因。

另外,很多企业的供应链管理人员虽然挂着经理或总监甚至副总裁(Vice President)的头衔,但行使的却是物流管理、采购或计划等相对独立领域的职责,在这种情况下想要提高和优化整个供应链的效率,步履维艰。

3. 无法有效地评估和衡量供应链绩效

直接采购价格的降低,可能会带来运费、库存的增加等问题;引入可视化管理和RFID技术,虽然可以提高供应链效率,却会导致设备投资和人力成本的上升；实施零库存管理，可能会让脉冲式订单无法及时交货；花巨资上了 ERP 或供应链管理系统，很可能会沦为订单处理中心，无法发挥数据挖掘功能，更无法为决策提供支持……

如此，如何确定合理的数据指标也就成了供应链管理中最关键的问题。比如，如何正确衡量供应链各环节之间数据产生的依据、不同的职能部门如何就定义和计算某一指标达成一致、多少个供应链管理业绩指标比较合理、如何确定供应链各项数据的基准数字、如何形成有说服力的指标报告等。

供应链各环节的显性成本支出会在年度财务报告中显示出来，而供应链管理所产生的成果，多数都是隐性成本的降低，无法准确衡量。

4. 无法确定供应链改善的关键环节和优先顺序

供应链改善是一项巨大的工程，无论是从前端的供应商开发、供应商管理、订单处理、质量管理，还是内部的生产物料管理、仓储管理、生产计划、可视化管理和包装运输，或者是后端的成品管理、客户交付和售后服务等，任何一个环节都缺一不可，任意一个环节发生变化，都会对整个供应链环节产生连锁反应。

如今，几乎所有的生产制造企业都在努力确定在哪里部署人才资源和优先顺序，但在资源有限的前提下，根本无法在短时间内解决问题。如果缺乏统一的标准方法，要想改变每个职能部门，只能将最稀缺的资源，尤其是几个关键人物放在个别职能上。

5. 很难培养高端供应链管理人才

供应链的竞争，归根结底还是人才的竞争。如今，虽然供应链管理已经被很多公司普遍认同并提高到战略高度，却很难找到真正优秀的高级供应链管理人才。

供应链管理涵盖了采购、物流、信息技术、财务、质量、生产等多个方面，很难发现综合能力较强、知识全面的供应链人才。

优秀的供应链管理人必须涉猎采购、计划、物流、生产、质量、国际贸易、法律等所有领域的知识，并非常了解供应链基础环节的运作。但现实是，企业缺少让员工进行跨部门工作的机制，个人并不愿意在不同的职能部门长期轮岗从事基础性的工作，所以供应链领域出现的多数都是专才，只有极个别是综合型管理人才。

要想在供应链领域做出成绩，必须积累各供应链子环节的流程与管理经验，这就导致在短时间内很难有施展的空间。只有熟悉供应链的各个环节，才能真正在供应链的战略层面谈管理。同时，对供应链人才的培养，企业还要制订一个长期计划，对内部员工提供包括技能、知识、经验等培训，或外部招聘，但要确保外部招聘的供应链管理人才必须是从基层做起的，且能在较短时间内熟悉本公司供应链的各个环节，同时，能获取足够的权限去推动供应链的内部变革。

总之，数字化供应链面临着一系列挑战，公司需要积极应对，确保其供应链保持高效、安全和弹性。数字时代，企业要想应对这些挑战，就要投资网络安全、数据管理、集成、人才获取、自动化和法规遵从性。

三、参数管控，供应商部件认证制度的由来和实施

企业一般都知道自己的供应商没有资格认证所带来的风险，如投诉、召回、浪费和返工等都会导致罚款和声誉受损。供应商资格认证，可以保证企业以及供应商之间交易的真实性和合法性。而且，只有经过资格认证

的供应商,才能形成有效的供需双方互动关系,更好地促进业务开展。

此外,供应商资格认证还可以保证企业所购买的产品或服务能够满足他们的需求,确保获得高质量的产品,避免采购假冒伪劣的商品,缩短采购流程,缓解采购结算压力,有效防范采购欺诈等问题。

1. 供应商认证的原则

供应商认证包括两部分:挑选供应商和认证供应商。

在认证之前,首先要确定认证的目标。那应该挑选什么样的供应商呢?符合事先确定的供应商策略的供应商。如果条件允许,要尽量选择"门当户对"的供应商,即彼此与对方的合作意愿相当或吸引力相当。

选择了目标供应商后,就会进入认证阶段,这里要坚持三个重要原则:

(1)标准明确。即有清楚的、可执行的评估和认证标准。供应商评估有不同的级别,但针对每一个级别的评估,都要有明确的配套标准,分别是:资质标准、质量检测标准和体系标准。

(2)多维协同。在供应商评估过程中,要对供应商的各个方面进行评估,由各专业部门完成不同方面的评估。比如,供应商质量工程师(SQE)完成质量相关的评估、采购或物料计划完成交付相关的评估等。

(3)分级认证。认证方法越严格,就越能保证质量,但付出的成本会越多,认证周期也会越长。所以,在选择认证级别时,要考虑物资品类的实际需要,在效率和风险间做最好的平衡。

2. 供应商认证的等级

不同品类的物资,其对采购方的重要性不同,其对应的供应商的认证级别也应该不同。越重要的物资品类,认证方法就越严格。常见的认证级别有三种。

（1）基础认证。只要提交了基本的合法性营运资料，经采购人员初步判定为可满足使用要求，就可以下试验性订单采购。这种方法多用在非原料上，比如办公用品、劳保品、普通工具等。

（2）样品认证。通过对供应商提供的样品进行检验测试，来确定供应商产品对需求的符合程度。这种方式是三个级别的供应商认证中用得最多的，通常用于原料、关键设备的备件等物资品类上。

（3）系统认证。在样品合格的基础上，对供应商的最影响其服务质量的管理体系做进一步的评估和认证，以确保其大量生产时的产品品质和所提供样品的品质保持一致。

在供应商的各种管理体系中，对服务水平影响最大的有两类，如表8-1所示。

表8-1 供应商管理体系对服务水平影响说明

体系	影响
质量体系	主要是指管控所有与产品品质相关的作业的体系，比如我们熟悉的ISO900X、TS16949、AS9000等认证，都是某种形式和严格程度的质量体系认证。供应商拥有此类认证，尤其是其认证是由劳氏、SGS这样的认证机构完成的，质量体系就相当有保证
交付体系	主要是指供应商自身如何管理销售订单的交付，包括供应商怎么做订单评审、怎么做物料计划、怎么管理自己的供应链、怎么排程排产，以及最后怎么管理成品发运等

有些体系认证不仅包含了上述两个方面的内容，甚至已经有了成熟的认证方法可遵循，比如很多企业发布的PPAP（生产件批准程序）认证要求，就是这样的体系认证方法。

采用系统认证，通常都要在样品认证通过的基础上进行。认证对象要不就是所供物资品类的重要性对企业来说非同一般，要不就是这个供应商被定为长期战略供应商，将来会有多方面的深度合作。

由此可以看出，在三种级别的认证中，影响面最广的是样品认证。基础认证和体系认证都是针对一个供应商的，而样品认证则是针对一个供应商的一种或一类物料的，所以又称为物料供应认证。

四、供应商交期管理制度的实施

交期是指从采购订货日开始至供应商送货日之间的时间长短。如今，基于时间竞争的供应链管理已成为企业的主导战略，供应链的响应能力和反应速度取决于供应链各环节间的交货时间，压缩交期也就成了供应链管理和企业运作关注的焦点。

这里有一个问题：

每一周的交期将使采购成本增加 1.5%，作为采购人员，你有没有算过这笔账？

催货，对采购人员来说是再普通不过的事情。有些采购人员甚至要将五分之一的工作时间用在收效甚微的催货上，自己却浑然不知。事实上，占用采购人员时间还算事小，重要的是交货期长短本身会在无形中对采购成本产生不小的影响。在这个问题中，每周的交期将使采购成本增加 1.5%，也就是说，单价 10 元的产品交期若为一周，实际对该产品的采购成本应为 10.15 元。

这额外的成本就源于供应商交货期对采购方的安全库存等因素带来的附加成本。

那么，如何才能解决采购物料的质量问题，以确保交期受控？通常，供应商交货期越长，购买方的安全库存量也越大，由此产生的库存成本、管理成本、风险成本和资金成本也越高。

举例说明：

X公司每年因生产需要而订购Y零件10万只，A、B、C三家供应商的报价、他们的交期和不同交期产生的附加采购成本分析见表8-2：

表8-2　X公司附加采购成本分析

供应商	报价（单价：元）	交货期	X公司实际采购成本	年采购总额（元）
A	14.00	1周	14.00×（1+1.5%×1）=14.21	1421000
B	13.50	6周	13.50×（1+1.5%×6）=14.715	1471500
C	13.20	10周	13.20×（1+1.5%×10）=15.18	1518000

不难看出，一来一去，X公司仅Y零件的年采购总额就要相差5—10万元。真是"小洞不补，大洞吃苦"。

从表面上看，似乎C公司最有优势，采购人员也往往会更重视报价而忽视其他因素。由此可见，采购成本的考虑要从总成本出发；另外，用这种方法同供应商进行议价，不但可以获取更好的价格，更能促使供应商去改善交货期，从而让买卖双方达成互利双赢的长期合作关系。

1. 确保交期的重要性

适当的交期是指，制订采购计划到货时间与生产材料的调配、制造、运送时间及采购人员选定适当的交易对象、购买以及议价所必要的时间。如果无视制造业的客观进度，一味强调交货日期很短的订货，必然无法以"适当的价格"取得"良好的货品"。因此，采购人员需要经常与采购部门接触，在友好而和谐的气氛中，根据双方的情况协调设定适当的交货日期。

确保交期的重要性主要体现在以下两个方面：

（1）交货延迟会增加成本。确保交期，可以将生产活动所需的物料，在必要的时候切切实实进货，以最低的成本来完成生产。此处所称的"必要的时候"，是指为了以最低的成本完成生产任务，预先所计划好的物料进货时期。所以，迟于该时期固不用说，早于该时期也非适宜，确保交期的重要性就在于此。如果某物料有可能延迟交货，应予早期发现，并防止其发生；同时，还要抑制无理由的提早交货。交期的延迟，会妨碍生产活动的顺利进行，给生产现场及其有关部门带来有形、无形的不良影响。

（2）提早交货会增加成本。很多人认为，提早交货的不良影响不如延迟交货，其实两者都会成为增加成本的原因。理由如下：

①允许提早交货，会发生交货的延迟。为了方便资金调度，供应商会优先生产价格高的物料以提早交货，而允许其提早交货，就会造成低价格物料的延迟交货。

②不急于使要的物料交货会增加存货，恶化资金运用效率，因而不能确保交货日期，会极大地影响经营效果。

2. 供应商交货事前计划

要想做好交货管理，企业应树立"预防重于治疗"的观念，事前慎选有交货意愿及责任感的供应商，并安排合理的购运时间，使供应商从容履约。

（1）确定合适的交期。合适的交期，主要涉及内容如表8-3所示：

表8-3 合适的交期内容

内容	说明
行政作业交期	行政作业所包含的时间，囊括了采购方与供应商共同为完成采购行为所必须进行的文书及准备工作。采购方包括选择或开发供应商、准备采购订单、取得采购授权、签发订单等；供应商包括订单进入生产流程、确认库存、客户信用调查、生产能力分析等

续表

内容	说明
原料采购交期	为了完成客户订单，供应商需要向自己的下一级供应商采购必要的原材料。比如，塑料、金属原料、纸箱等，这些材料的准备需要花费一定的时间 在订单生产型模式中，产品的生产要等收到客户订单之后才开始。依订单生产的形态，原料的采购会占总交期时间相当大的比例。在组合生产型模式中，产品的组合生产也要等收到客户订单后才开始，所不同的是，一些标准零件或组装已事先准备妥当，主要零配件、材料和次组装已提前完成，并放入半成品区。只要接到订单，就能按照客户的要求从标准零配件或次组装中快速生产出所需产品。而在存货生产型模式中，在收到客户订单前产品就已经被制造并存入仓库，通常下了订单后就可安排运送并知道到货时间
生产制造交期	生产制造交期，是指供应商内部的生产线制造出订单上所订产品的生产时间，包括生产线排队时间、准备时间、加工时间、不同工序等候时间和物料的搬运时间。其中，在非连续性生产中，排队时间占总时间的一大半 在订单生产型模式中，非加工所占时间较多，所需的交期较长；而在存货生产型模式中，生产的产品是为未来订单作准备的，采购交期相对缩短；在组合生产型模式中，对少量多样的需求有快速反应的能力，交期较存货生产型模式长，较订单生产型模式短
运送交期	订单完成后，将产品从供应商的生产地送到客户指定交货点所花费的时间为运送交期，其长短与供应商和客户之间的距离、交货频率和运输方式有直接关系
验收与检验交期	验收与检验交期主要是卸货与检查、拆箱检验、完成验收文件，待产品搬运到适当地点

（2）确定供应进度监视的方法。在开立订单或签订合约时，采购方就应决定如何监视进度。如果采购产品并不是重要项目，仅作一般的监视即可，只需注意是否能在规定时间收到验收报表，有时可用电话查询。但若采购产品比较重要，可能影响企业经营，就需要另作较周密的监视。

（3）审核供应商供应计划进度。采购方不仅要审核供应商的供应计划进度，还要分别从各项资料获得供应商的实际进度。比如，供应商的流程管理资料、生产汇报中所得资料、直接访问供应商工厂所见，或供应商按规定送交的定期进度报表。

（4）规定供应商应编制预估进度表。如果认为有必要，采购方可在采购订单或合约中明确规定供应商应编制预估进度表。预估进度表应包括全部计划供应作业的进程，如企划作业、设计作业、采购作业、工厂能力扩充、工具准备、组件制造、次装配作业、总装配作业、完工试验及装箱交运等全部过程。此外，还要明确规定供应商必须编制实际进度表，与预估进度表对照，并说明进度延误原因和改进措施。

（5）准备替代来源。供应商不能如期交货的原因颇多，且有些属于不可抗力，因此采购方应未雨绸缪，多联系其他来源；工程人员也应多寻求替代品，以备不时之需。

（6）加重违约罚则。签订采购合约时，应加重违约罚款或解约责任，使供应商不敢心存侥幸。不过，如果需求急迫，应对如期交货的供应商给予奖励或较优厚的付款条件。

3. 交期的事中管理

依照执行过程，说明交期事中管理的方法。

（1）订购信息的处理。订购信息的范围应包括订单内容、替代品、供应商等级和生产能力等相关资料。为了得到正确的信息，基本上资料的分类可以依照交易对象、能力、产品等加以区分。因此，订购信息处理得恰当与否，会影响整个交期。

（2）主动核查。主动核查，需要确定核查的时机和主要内容（见表

8-4）。

表8-4 核查细则说明

核查细则	说明
核查的时机	订购产品后，采购方应主动监督供应商备料和生产，不能等到已逾交期才开始查询。所有的产品几乎不可能在交货日期一次制造完成，因此，未能准时交货的情形通常都发生在此前的生产过程中，是其计划进度与实际进度发生偏差所致。所以，下订单后，采购方要积极地进行查核，在尚有余裕时间想办法时掌握生产状况，采取必要行动
核查的内容	查核的主要内容包括：是否已经分发图纸和规范；模具、工具是否已经备妥；材料是否进货；支给零件是否已经支给；机加工是否完成；电镀、涂装等是否完成；是否已经着手零件或机器的装配；总装何时开始

（3）工厂实地查证。对于重要产品的采购，采购方除了要求供应商按期递送进度表外，还应实地前往供应商的工厂访问查证。但此项查证应在合约或订单内明确，必要时可以要求专人驻厂监视。

（4）加强供需双方信息的沟通。关于供应商准时交货的管理，以及双方的"资源共享计划"，供需双方应有综合性沟通系统，使采购方的需要一有变动就立即通知供应商，供应商的供应一有变动也可随时通知采购方，从而顺利解决交货适时问题。

（5）销售、生产和采购单位应加强联系。市场状况变化莫测，生产计划若有调整的必要，必须征询本企业采购部门的意见，对停止或减少送货的数量、追加或新增的数量作出正确判断，并尽快通知供应商，减少可能的损失，提高其配合的意愿。

（6）收货要严格控制。在收货的管理方面，应抑制提早交货，并提高验收速度。一旦某供应商发生交货迟延，若非短期内可以改善或解决，应立即寻求其他供应商的货品来源，以避免出现更大的损失。

五、为创新变革开发新供应链

数字化供应链管理是当前供应链管理的重要趋势之一，通过数字化技术的应用和商业模式的创新，企业就能提高供应链效率、降低成本、提高质量，为未来更高层面的业务升级储备能力。

作为中国家电行业的"领头羊"，美的集团拥有包括冰箱、洗衣机、空调、微波炉等在内的众多家电产品线，是国内最大的家电制造商之一。然而，随着市场竞争的激烈化，传统的供应链模式已经难以满足企业发展的需求，美的便开始探索数字化供应链管理模式。

美的集团的供应链创新主要体现在以下几个方面：

供应商数字化管理。作为一个成本控制严格的企业，美的始终把供应商管理放在重要的位置。在数字化供应链管理的模式下，美的建立了供应商管理平台，将供应商分为了三类：核心供应商、战略供应商和一般供应商。核心供应商是指能够提供关键零部件的供应商，战略供应商是指在价格和质量上有明显优势的供应商，一般供应商是指其他的供应商。通过供应商管理平台，美的可以实时了解每个供应商的信息、交易情况、质量表现等，也可以通过平台对供应商进行评分、评价和奖惩。此外，美的还会定期对供应商进行培训和考核，帮助他们提高生产和质量水平，提高交易效率。

仓储智能化。仓储是供应链管理中的重要环节，也是其中成本最高的环节之一。为了提高仓储的效率和降低成本，美的开展了智能化仓储的探索，建立了智能仓储管理系统，实现了实时库存监控、自动化出入库控制、分拣和包装智能化等功能，这不仅能提高仓储效率，还能减少人工误差、防止资产损失和滞留，从而为企业降低成本。

物流社交化。物流环节是供应链管理中最复杂的环节之一，其中包括许多第三方物流供应商和物流节点。通过数字化供应链管理的模式，美的将物流供应商的信息入驻到了智能化平台，实现了对于物流供应商的可视化管理。通过此平台，美的可以实时了解物流供应商的服务水平、价格和服务内容等信息，也可以对物流供应商进行评价和奖惩，以提高他们的服务质量。

此外，美的在数字化供应链管理的模式下，还利用商业模式创新，将物流纳入了社交化的环节中。通过构建共享物流平台，美的将自有物流与第三方物流结合起来，实现了物流资源的优化配置和共享，提高了物流的效益和运营效率。同时，共享物流平台还可以为其他企业提供物流服务，扩大了美的的市场份额和盈利空间。

美的集团的供应链创新模式已经取得了显著的效果：

提高了供应链效率。通过数字化技术和商业模式的创新，美的实现了供应链的数字化、智能化和社会化，提高了供应链的效率。数据显示，美的的供应链管理效率提高了50%，库存周转天数降低了30%，整体采购成本降低了20%。

提高了供应链质量。通过数字化技术，美的实现了对材料供应商和物流供应商的细致管理和评价，提高了供应链的质量。数据显示，美的的供应链质量指数提高了20%，出现质量问题的概率降低了30%。

为未来业务升级储备能力。通过数字化供应链管理的模式，美的积累了丰富的供应链数据和信息,为未来企业更高层面的业务升级储备了相关能力。例如,在智能化供应链管理的模式下,美的可以实现大数据分析和预测,帮助企业优化供应链结构、提高服务水平和实现自动化生产等。

美的的供应链创新模式是一个成功的案例,为其他企业提供了有益的借鉴。随着新技术的不断涌现和市场的变化,未来的供应链管理将面临更多的机遇和挑战,而数字化供应链管理的探索和创新将会变成企业不可或缺的战略选择。

第九章 中国供应链全球整合实践分析

一、财务收益和供应链的 KPI 考核

1. 供应链的关键成功要素

供应链的关键成功要素 KSF（Key Success Factors），分别对应外部和内部，包括：交付可靠性、响应性、敏捷性、供应链成本和有效的资产管理。前三者对应外部，后两者对应内部。

在这里，需要注意的有两点：

（1）外部指标。它面向的是客户，且是端到端的指标，需要站在客户的角度来进行评估。以订单履行周期这个指标为例，它考核了从客户下单到实际收到产品的全过程。但某些企业却仍然站在自身的角度，将产品交付给渠道商或上门取货的第三方物流公司，就认为后面的事情与自己关系不大了。但供应链是全链路的竞争，只考虑某一段的指标是毫无意义的。在客户眼里，供应链的交付是个整体体验，如同一个黑盒子，他们并不关心盒子里有什么、怎么运作，只关心端到端的整体体验。

（2）内部指标。针对的是供应链的全过程，而不是单纯的财务指标，里面包括计划、采购、生产、交付、退返的总成本和总资产管理效率。仅以库存周转率来说，只考核自身的库存周转率，却没有将供应商的 VMI 库

存、渠道商的寄售库存纳入进来，单纯地将自身库存周转率做到最优，把库存风险尽可能地转嫁到供应商或渠道商手中，供应链上的总库存周转就会被弄得一塌糊涂。

2. 构建竞争战略与供应链指标的连接

绩效考核指标主要分为以下几种：

（1）工作成果指标。根据供应链人员的工作职责和业务范围，设置适当的工作成果指标，包括但不限于：准确完成订单处理和交付工作；降低库存成本并保持库存周转率在合理范围内；准时满足客户需求并提供良好的客户服务；按时完成供应商管理和合同管理工作。

（2）个人能力指标。评估供应链人员的个人能力和专业素养，包括但不限于：具备专业的供应链知识和技能；灵活应对和解决工作中的问题；有效沟通和协调供应链各环节的合作；持续研究和进修，提高个人能力和知识储备。

（3）团队合作指标（见表9-1）。考核供应链人员在团队合作中的表现和贡献，包括但不限于：积极参与团队会议和讨论，提出建设性意见和解决方案；善于协作和共享工作经验，促进团队协同效应；共同推动供应链优化和流程改进；有效处理与其他部门和利益相关方的沟通及合作。

表9-1 团队合作指标说明

指标	说明
交付能力	包括供应商按时交付比例、生产线的产能利用率等
库存管理	包括保质期库存的周转率、库存盈亏的控制等
成本效益	包括供应链物流成本比例、原材料采购成本节约等
质量控制	包括产品退货率、供应商质量合格率等
信息系统	包括供应链信息系统的准确度、信息共享平台的建设等
创新与协同	包括供应链流程优化、创新管理的落地等

（4）考核指标体系。为了确保绩效考核过程的科学性和公平性，可以按照以下步骤进行。

第一步：目标设定。根据企业的战略目标和供应链发展需求，制定具体可量化的绩效目标。

第二步：数据收集。收集与供应链绩效相关的数据，包括交付准时率、库存周转率、成本数据等。

第三步：绩效评估。定期对供应链人员的绩效进行评估和考核，包括自评、上级评定和同事评价等多维度评估方式。

第四步：绩效沟通。将绩效评估结果反馈给相关部门和个人，激励优秀绩效，帮助改进不足。

第五步：持续改进。定期审查绩效考核方案，根据实际情况进行调整和优化，不断提高供应链绩效。

（5）奖惩机制。为了激励供应链各个环节的改进和突破，可以建立奖惩机制，如表9-2所示。

表9-2 奖惩机制说明

机制	说明
绩效奖励	设立供应链绩效奖金，给予绩效突出的团队和个人一定的奖励
绩效考核扣分	对绩效评估中出现的问题和不足进行扣分，并跟进改进要求
绩效考核公示	将绩效考核结果向全体员工公示，增加公平性和透明度
绩效改进辅导	针对表现不佳的团队和个人，提供专业指导和培训，帮助其改进绩效

（6）信息系统支持。为了提高绩效考核的效率和准确度，可以建立供应链信息系统的支持。

①数据集成。整合各个环节的数据，确保数据的完整性和一致性。

②实时监控。通过信息系统对供应链的运作进行实时监控，及时发现问题并采取相应措施。

③数据分析。利用信息系统进行数据分析，为绩效评估提供科学依据。

④绩效报表。通过信息系统生成供应链绩效考核的报表和图表，直观展示绩效情况。

二、供应链研产销的价值贯通

俗话说："兵马未动，粮草先行。"在激烈的市场竞争环境中，企业需要更快更准时地实现交付，同时又要在多变的业务环境中尽量降低因库存与交期导致的两大隐性成本"失销与呆滞"。这意味着，在运营过程中，供应链管理团队需要有效地制订预测与需求管理，设计多层次管理计划，擅长供应库存节点设置、库存设计与管理。

而在采购环节，需要能高效管理供应商的交货期，保障生产与交付的顺利，同时优化供应链环境下的采购物料的进厂物流管理，并能在包装、仓储与运输管理中，协同团队和供应商优化采购的物流费用，最后通过对销售物流的设计规划，实现最终的完美交付。

海尔为了更好地为顾客提供服务，使顾客服务价值最大化，特地成立了"海尔俱乐部"。俱乐部会与顾客日常生活息息相关的单位签订协议，以保证俱乐部的会员在该单位消费时同样享受会员的待遇。目前，它已与宾馆、超市、快餐连锁店、旅行社甚至风景点签约，组成了一个庞大的顾客服务网络，满足了顾客的个性化需求。该计划一经推出，就获得了满堂喝彩，好评如潮。

不可否认，在营销之路上，海尔又先走了一步，而这种做法的精髓就是其"市场链"营销理念的具体体现。

以往的营销只有等到产品出厂之后才开始，产品的设计、生产、检测、包装和运输等都是营销之前的事。到目前为止，仍然有不少企业还在这么做。供应链管理改变了产品设计、生产、储存、配送、销售、服务等方式，供应链已经成为一条规模庞大、设备精良的现代化生产线，有效缩短了生产线的长度，使顾客化定制成为现实。

1. 降低生产线长度

研究发现，减少一半生产线的长度，可以提高30%生产效率，下降17%成本。因此，为了长远发展，企业就要减少生产线的数量，生产线内也要集中于较少的有核心优势的品种上，围绕核心顾客进行生产和服务，而将其他品种和生产业务通过业务外包的形式分散到供应链上的其他优势企业去，使各企业都能通过供应链实现资源的最佳配置，从而有效降低成本，提高效率。

2. 让顾客参与设计

在现代竞争环境下，供应链一体化的营销应从产品构思开始。一种全新产品的诞生往往源于顾客的建议，比如 StevenJobs 在产品开发中，曾派工程师走访了30所大学，并成立了一个潜在顾客团，询问大学中需要什么样的机器，根据调查和咨询结果，推出了存储量大、程序简单和兼容的分体式计算机，立即受到了广泛欢迎。

顾客的知识、经验、欲望和需求都是企业的重要资源，根据顾客数据库的信息构思，与顾客开展"头脑风暴"，让顾客参与设计和评价，按顾客需求计划组织生产，保持库存最小化以节约成本，敏捷物流，就能赢得最佳时机。而核心就是让顾客满意，让顾客能称心如意地享受。

3. 顾客化定制和敏捷制造

顾客化定制和敏捷制造是以顾客为导向的、生产顾客满意的产品的全新生产方式，利用供应链资源进行顾客化定制和敏捷制造，可以保证产品与顾客需求始终一致。

供应链一体化的物流管理与传统的物流管理的本质区别就在于，传统的物流管理是根据销售商或生产制造商的要求将原材料从供应商那里配送到生产商那里，或将产品从生产商那里配送到销售商那里，强调的是单个企业物流系统的优化，即对运输、仓储、包装、装卸、搬运、配送和信息传递的"纵向一体化"管理。

这种"蚂蚁搬家"式的物流管理模式，物流传输速度慢，物流流程长，库存积压大、成本高。供应链一体化的物流管理的精髓在于，以信息代替库存，以供应链作为库房，实现物流的敏捷配送。

对于中小型制造业企业来说，建立数字化供应链，需要明确目标和战略。每家企业的供应链需求不同，因而需要明确目标，对目标进行量化，使其变成流程数据，以确定数字化供应链的目标，如提高供应链效率、降低成本、增强可追溯性等。制定相应的战略和规划，明确数字化供应链的优先级和实施路径。

确定企业建立数字化供应链的目标可以考虑以下六个方面：

（1）业务需求。

企业的市场定位和定价模式，这是建立供应链的优先要素：分析企业当前的供应链状况和存在的问题，确定数字化供应链所需解决的具体业务需求。例如，提高供应链的效率、降低成本、优化库存管理、提高可追溯性等。基于竞争优势，供应链管理需要从全局考虑，以建立企业竞争能力为目的，通过数字化供应链提供更快速的交付、更准确的预测和计划，以满足客户需求并赢得竞争优势。

（2）客户需求。

通过需求端的正反馈，以需求变迁来改变供应链结构：了解客户的期望和需求，确定数字化供应链如何为客户提供更好的体验和服务。考虑客户对交货时间、产品质量、个性化需求等方面的要求，以确定数字化供应链的目标。

（3）可行性和资源限制。

基于企业的议价能力和市场地位来建立合适的供应链体系：评估企业内部的技术能力、资源投入和现有系统的可行性。根据企业的实际情况和资源限制，确定可以在一定时间范围内实现的可行目标。

（4）长期规划。

不断进行数据优化来达到系统优化的目的：考虑数字化供应链的长期发展，预见未来的趋势和挑战。确定目标时需要考虑可持续性和未来的扩展能力，以确保数字化供应链可以满足企业未来的需求和成长。

（5）多方协调和产生共识。

在确定目标的过程中，建议与供应链团队和相关利益相关者进行充分的沟通和讨论。通过多方参与和共同决策，可以确保目标的合理性、可行性和广泛认可度。

（6）整合数据系统。

让供应链数据成为企业总体知识管理的一部分：确保企业内部各个环

节的数据系统能够无缝连接和交换信息。整合ERP（企业资源计划）系统、物流管理系统、质量管理系统等，以建立统一的数据平台，实现供应链上下游的数据共享和协同。

三、快时尚领域的供应链管理

在高速发展的电子商务时代，供应链管理已经成为企业竞争的关键因素。对于快时尚品牌而言，独特的供应链管理模式是其能在市场中持续高速发展的重要驱动力。

下面我们来看看全球知名快时尚品牌ZARA，是如何通过其独特的供应链管理实现快速反映市场能力的。

ZARA的供应链特色：即时制造（Just-in-Time Production），ZARA不会大量存储货物，而是根据市场需求快速制造衣物；紧密的供应链网络，ZARA拥有自己的生产设施，并与供应商保持紧密联系，确保原材料和产品流动顺畅。这种模式为什么如此成功？因为，快速更改设计以响应市场变化；通过直接与店铺员工沟通，ZARA能够即时了解到哪些商品受到消费者欢迎；通过减少存货，ZARA能够降低库存成本和商品过时的风险。

2008年，经济下滑时，许多零售商为了减少成本，裁员并关闭了店铺。但ZARA投资供应链和技术，使其能够在48小时内从设计到店铺的速度进一步提高。ZARA与其他品牌对比的优势就在于：传统的零售商可能需要数月的时间，才能做到从设计草图到成品上架，但ZARA只需要几周。这种模式使ZARA能够避免大量的折扣销售，因为它们总是能够提供最新的时尚商品。

ZARA 的供应链管理为其提供了独特的竞争优势，它摒弃了传统的时尚零售模式，用独特的方法保持了与市场的紧密联系。

在年轻化、网络化的社会浪潮影响下，许多事物都在讲究"快"，快时尚作为一种十分流行的商业模式，有很多地方值得探讨。

1. 什么是快时尚

快时尚又称快速时尚，它源自20世纪的欧洲，英国《卫报》创造了一个词"Mc Fashion"，前缀Mc取自"Mc Donald"——像麦当劳一样"贩卖"时装。大意是，把当季时装的设计以最便宜的生产成本，快速上新到商店。提供当下流行的款式和元素，以价低、款多、量少为特点，让顾客迅速捕捉到最新的国际时尚趋势，最大限度地满足消费者需求。

如今，从消费群体来看，生活在一二线城市，爱美爱社交的30岁以下职场男女，是快时尚的主要受众。从年龄结构来看，"90后"占比过半，"00后"也逐渐崛起，成为快时尚行业不容忽视的新生消费人群。

2. 快时尚的"快速供应链"

快时尚和非快时尚品牌的一个重要区别是：供应链与制造业的快速运转。

快时尚的一个重要表现就是速度快。只有速度够快，才能将流行元素及时展现给消费者。如果潮流信息反馈滞后，企业就会在时尚市场中失去竞争力。因此，快时尚不仅要求产品具有紧跟流行的特征，更需要快速进行产品开发和产品配送，以快速应对市场和消费者的反馈。

从产品开发角度来讲，快时尚品牌从来就不是时尚的创造者，而是时尚的快速反应者。设计团队搜集最流行的元素，经过整合，以最快的速度传递到品牌的店面中，供消费者挑选。快时尚品牌的高速运转离不开高效的供应链体系。

从需求调研、创意、企划、设计、打样、生产、物流到上架，快时尚产品开发周期可缩短至14天（有些甚至能缩短到7天）。快速的上架、快速的下架，可大大降低企业风险，并提高产品的有效性和适销性，从而扩大市场规模。相比那些提前12个月，甚至更长时间进行新品开发的传统品牌，快时尚品牌具有作战快捷的优势。

3. 快时尚行业常见的供应链模式

不同时尚企业打造敏捷供应链的方式各异，通过系统研究和广泛调研，可以概括为以下三种常见模式：

（1）智能推式生产。智能推式生产是传统时尚模式的现代化形态，旨在通过产品企划方式塑造消费者需求。区别于传统时尚模式，智能推式生产赋予了品牌数字化能力，能够根据初期销售表现更精准地预测市场需求，加快或虚拟化供应链环节流程。

（2）快时尚拉式生产。拉式生产在快时尚界广受追捧，它能够将前沿时尚潮流快速融入日常设计。品牌在新品上市之初，依托门店、物流和生产网络密切追踪市场需求，即时补单补款；同时，部署先进数字化系统以提高需求预测精准度，从而快速做出降价促销和季末清仓决策。

（3）数字化DTC。数字化DTC（直达消费者）模式可以成功构建按需生产的小单快反供应链解决方案。品牌借力数字化生态和智能工具实时平衡产品供应与消费者需求，提高正价售罄率，增强价格竞争力。同时在供应链各环节挖掘协同潜力，减少损耗浪费。

需要注意的是，敏捷按需生产模式下，更多碎片化、小订单同时进行，需要每个订单的各环节都能及时衔接，这需要格外关注供应链环节的管理。

四、科技公司的供应链整合是核心流程

随着新一代信息技术的发展，我们迈入了数智化时代，各行各业都在借助技术的升级，加快自身数字化转型的步伐。高科技电子行业作为技术创新的前沿地带，在智能化的道路上也走在了传统行业的前面，其中包括生产研发的技术创新、研发管理的创新、多维的数智化转型，推动高科技电子行业向"智造"进一步迈进。

1. 科技行业供应链管理"难"在哪儿

高科技电子行业是知识与技术密集型产业，技术难度大，智力要求高，竞争性和渗透性强，投资多，风险大，是对人类社会的发展进步具有重大影响的前沿科学产业。

在不断扩大市场的同时，高科技电子行业在企业经营管理上也面临着诸多难点：

（1）产品生命周期短。在高科技电子行业中，技术创新和产品创新的作用十分显著。高新技术产品生命周期短、更新快、时效性强且难以预料，为了适应新的市场需求，就需要不断地进行产品创新。所以，产品的研发、生产、溯源等方面都要求实现高水平管理。

（2）物料管理难。物料管理影响产品研发、物料计划、生产发料、仓库管理等环节。高科技电子行业的原材料体积小、种类繁多、数量巨大、次品率高，易受供货市场、原材价格、产品功能要求、客户需求等因素的

影响，使用替代料的情况也很多。

（3）计划多变，难控成本。高科技电子行业的生产一般是离散型制造，订单多批次、小批量且经常变更，常出现紧急插单，要求高效的协同效率。而且产品种类多、返工频繁，致使成本核算费时费力，难以掌握实际成本。

（4）产品结构不完善。手动导出、人为线下搭建、数据独立存储、手动传递导入等多种产品结构管理模式，难以支撑快速演变的产品需求。后端工艺设计、生产制造、采购等业务，难以保证设计源头数据的完整性、准确性和一致性，往往会导致变更、返工、重构等问题，影响产品质量、交付。

（5）供应商协同过程不清晰。传统邮件、电话、微信等交互模式，难以对供应商数据协同过程进行有效记录，这不仅会影响对历史数据的查询和追溯，也会让管理者难以及时了解和管控供应商数据的交付及时性，从而引发等待、催货等情况，进而影响终端产品交付。

作为技术型产业的高科技电子行业，是新技术应用、实现智能制造的沃土，尤其在应对快速发展的市场中迫切需要通过智能制造来实现透明化、精益化生产，实现计划与物流的协同、采购与生产的协同、物料和质量的全流程追溯、设备与工艺的无缝连接等。其中，智慧供应链是实现智能制造的必要一环。

2. 建构智慧供应链

"智慧供应链"是结合物联网技术和现代供应链管理的理论、方法和技术，是在企业中和企业间构建，来实现供应链的智能化、网络化和自动化的技术与管理的综合集成系统。其核心是，实现供应链中商品流、信息流和资金流的无缝对接,尽可能地消除不对称因素带来的影响,以提高企业内部,甚至整个行业供应链的效率与运营质量。

智慧供应链的打造并非一日之功,既要精准掌控供应链运作的信息,又要满足供应链服务降低成本和管理便捷化等要求,这必然需要更高质量的供应链服务。

(1)平台化管理。采购管理是生产的上游,也是供应链的起点,直接影响着产品研发和生产制造。搭建合理的采购管理系统,企业就能实现高度流程化、集成化、平台化管理,从而降本增效,推动高质量发展。统一门户、采购流程、业务内容、数据集成、业务信息、组织体系,由管理系统构建采购管理应用,根据需求实现便捷的调整与扩展,完成管理的平台化、集成化升级。通过该采购管理平台,采购企业就能与外部供应商建立起统一的协作通道,将采购全流程进行信息化梳理、固定,将标准化制度、业务规则以软件形式进行规范化的自定义管控,进而支撑多样化的业务场景,畅通信息流通道,让采供双方高效执行业务,提高运作效率。

(2)双向交易机制。在信息流程通道畅通下,通过缩短物流响应时间、物流系统更高效运作,可以实现商品流的快速流动,最终缩短资金流完成时间,整体上提高供应链的效率。采购管理平台,可以将商品信息管理、询比价管理、订单管理、支付管理、电子合同、交付管理、财务对账、评价体系等全流程进行系统化、数字化管理,这就能简化供采双方交易路径与实现交易智能化,帮助企业建立供应链交易闭环系统,三流合一,提高供应链响应能力。

(3)精细化出入库管理。高科技电子行业的原材料体积小、类型多、数量巨大,尤其随着研发创新的加快,需要管理越来越庞大的物料库。智能制造企业，必须建立应用集成环境等推进文档、物料及 BOM 和流程的全面数字化，来对物料完成在库管理。物料的出入库管理则可以交给采购管理系统，与产品生命周期管理（Product Lifecycle Management，PLM）、企业资源计划（Enterprise Resource Planning，ERP）、仓库管理系统（Warehouse Management System，WMS）等内部管理系统实现无缝对接，与供应商协同物资的交付，利用专门的送货单、标准物料条码，进行扫码质检、出入库的统一管理，让物料管理实现系统到系统的无缝流转和服务生产。

（4）强化供应商管理。供应链管理升级、实现更科学的管理模式，是智慧供应链打造的必然要求。通过管理系统，企业就可以建立与供应商统一的数据协同平台，让工艺、模具、签样信息等可以在线上货架展示，从而实现各类数据的在线交互，实现数据收发即时有效的通知与反馈，提高触达效率，并让管理者及时知晓与管控供应商任务执行情况，控制采购风险。

供应链协同要求的是供应链所有成员为了一个共同的目标，在采购、生产、研发、销售等环节上实现协同管理，是企业与企业间的勾连。通过该系统，高科技电子企业就能打造万企互联的商业网络，与供应商伙伴的合作模式就由生态合作向生态协同转变，从而实现战略协同、资源协同、能力协同。与此同时扩大激励范围、加大激励投入，让伙伴更多获利，并吸引更多优质伙伴，就能以生态协同聚能，打造出高质量、高密度的合作生态网。

五、链主和枢纽节点的全球化网状供应链模式

在万物互联的数智化时代，全球供应链呈现的是一种网状结构，该网

络由全球各地不同类型的客户、仓储配送中心、工厂和供应商组成。数字经济越发达,所呈现的网络结构就越复杂。在全球化征途中,中国企业亟须通过加强数智化建设,增强全球供应链的韧性和效率,提高企业在全球供应链层面的竞争力。

1. 全球供应链

全球供应链的价值在于,可以从供应链运营、供应链协同、供应链计划多层面,将市场、需求、订单、计划、采购、生产、交付和服务串联起来,把所有的客户价值链进行连接,并在全球供应链控制塔里进行监控,让客户实时感受到供应链的高效和便捷。

合理的全球供应链应该包括产业链条上的多方参与者,可以将其归结为两部分,一是供应管理,二是产品管理。

供应管理主要由财务、制造、计划与采购三部分构成,基于产能计划、物料采购计划、物流计划、产品成本和毛利计划等形成支撑。

产品管理,包括新产品导入(New Product Introduction,NPI)/寿命终止(End of Life,EOL)计划、销售和营收计划、渠道和客户信息、竞争对手趋势等,主要是通过速度、质量、成本、准确率等去管控供应管理和需求管理,同时基于平台支撑业务集成计划,让业务价值链的实时进度一目了然,从而提高客户的满意度、供应商的响应速度,最终降低供应链成本,提高营收。

在全球网络供应链塔基础上,全球供应链计划中心不仅需要为终端客户提供全球供应可视服务,还应该为分公司提供订单履约服务。同时,基于供应约束,还要保障公司供应链网络能够及时供应客户;基于公司供应链网络与供应商的协同交互,保障供应商及时交付,满足公司供应链运营需求，最终帮助产业链核心企业实现全球供应链集成经营。

2. 全球营销，数智在线

营销管理的核心是，结合海外客户在管理、运营等多维度的需求，实现本地化服务，让企业的营销能力真正跨到海外市场，完成出海当地的数据化建设，为本地企业提供服务，实现营销智能化转型。

（1）客户管理。对于客户全方位的管理，通过360视图清晰查看客户的基本信息、准入申请和经营行为与过程。通过客户评级模型，自动对客户进行管理和等级评测，对重点客户制定针对性的拜访和跟进。另外，还可以通过地图标注的形式，简单明了地查看客户分布情况，助力业务赋能。

（2）在线交易。通过在线化的呈现，将商品信息直达给客户，包括新品信息、样式、特性、价格、营销策略、库存信息公告等，以提高客户和企业之间的协作效率和客户在交易过程中的应用体验。通过在线式的销售变迁，企业可以从传统的线下销售模式平稳升级到在线营销模式，大大提高销售营销能力。

（3）消费互联。例如，可以通过微分销的模式让消费者或会员形成强大的口碑传播链条，扩大品牌影响力；通过对会员忠诚度的管理，加强企业与会员之间的连接，提高会员黏性，并增加与会员互动的频次。

（4）多场景新零售服务。将线上零售和线下实体店零售有效整合和协同，实现线上和线下的互动和协作，给消费者提供更好的消费体验。在线下实体零售里，通过智能销售终端（Point of Sales，POS）和聚合支付，可以提高收银效率；通过对商品、会员、交易和收银一体化的实时在线管理，可以提高消费者转化效率。

3. 全球寻源，网络协同

采购经理与供应商最高频次的在线交易协同场所，能够为大中型企业快速搭建数字化采购系统，满足企业在全球化下直接物资的采购、间接物资采购、服务类物资的采购，以及整个供应链上的协同效应，让供应链数字化（见图9-1）。

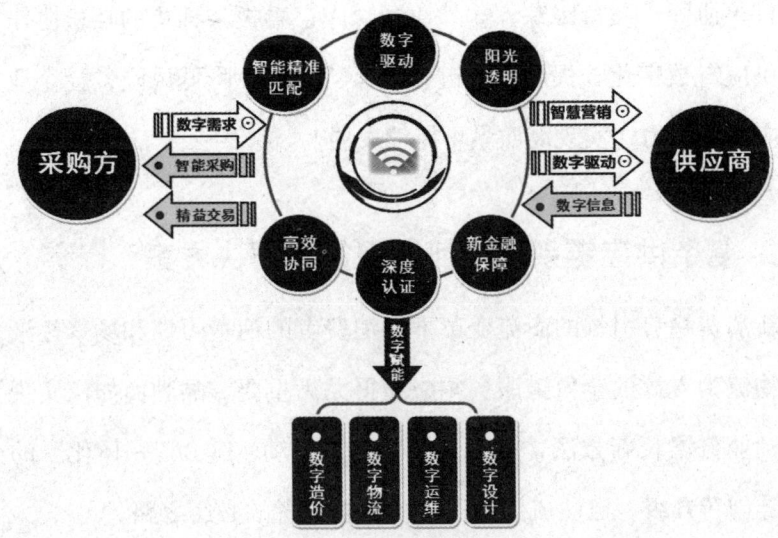

图9-1　采购数字化转型

（1）交易市场。企业可以在交易市场平台，通过全球商业信息服务商提供的供应商评估报告或在线拜访的方式，收集供应商信息，从而快速筛选定位企业所需的全球供应商资源，进而建立全球供应商池和最佳供应商模型；同时，依据供应商绩效要素进行考察，快速发现并甄选全球优质供应商。

（2）寻源到支付。通过寻源到支付的完整流程，将采购职能从单一交易转变为战略目标驱动，实现整个采购过程中买方和供应商进行寻源比价、合同签署、订单协同、履约交付、对账、发票处理和支付申请，让企业在国内外的整个全球化的贸易、采购方面，实现高效寻源、智慧采购及精准结算。在海外拓展过程中，支持多语言翻译能力、多时区本地化显示、多格式校验、多币种比价和国内外税务合规及全球银企联支付等特性，助力中企出海快速落地。

（3）供应链协同。供应链协同是真正提高企业全球供应链透明度、韧性和可持续发展的基础协同能力。通过供应链协同，实现与供应商的计划协同、订单协同、质量跟踪、委外协同、库存看板与补货的轻松协作，助力企业供应链数字化，提高供应链整体运营效率，降低风险，让企业具备韧性供应的竞争力，实现高质量可持续发展！

六、复杂供应链系统如何实现简单解决方案

在新消费趋势引领的商流变革下，消费者的消费习惯和场景逐渐多元化，以物流为支撑的全渠道服务响应显得尤为重要。品牌商如何实现寻求全域营销业务增长新方法，推动"线上线下联动+To B/C 一体化"的全渠道供应链创新升级，已然成为赢得市场和消费者的必经之路。

新消费趋势下，消费者占据消费主权的时代已然到来，从到家、到店再到从传统的京东、淘宝、拼多多等电商平台，再到抖音、快手以及社区团购等新兴消费平台……消费者的选择在哪里，商流和物流就必须跟到哪里。这也是将品牌方和物流服务方拧成一股绳的核心。

那么，品牌方到底想要什么样的服务，物流方又应该提供什么样的服务呢？

1. 线上线下联动

当前，多数家电、日化、快销聚焦的行业已经由增量市场转为存量市场竞争，增量市场更多的是靠销售资源拉动，而存量竞争则更多要靠平台

的管理和效率。那么,线上线下联动是怎样助力企业在存量市场中脱颖而出的呢?

顾名思义,线上线下联动就是将各个环节整合管理,来推动物流管理迈向集约化发展。其中,核心举措是推动"统仓统配",即整合各个渠道仓库的同时,对经销商库存进行集中的管理,实现各渠道的货物能进行统一配送。比如,依靠高效的供应链,近三年青岛啤酒电子商务增长了300%。这一斐然成绩的背后,得益于线上线下联动的实践。

线上线下联动有两个优势:一是可以对商品进行统一描述,二是可以进行多渠道铺货,实现线上线下订单一体化。"懒人经济"催生日常消费,一些年轻消费者甚至希望下班前点个单,回到家啤酒就在桌上,如果供应链无法满足这些需求,企业就可能在新的消费时代下丢失很多订单。

有了线上线下联动,便能实现线上线下全渠道统仓统配。因此,在全域运营下,品牌方要不断地寻找更符合时代发展的运营模式,并不断提高整个物流履约能力的需求。由此,具备一体化能力的供应链体系,就成为其长期发展的必要条件,因为品牌方会选择能够支撑其未来新渠道不断探索的供应链公司进行战略合作。

2. 三种"商流"模式并存

从当前消费者的购物模式不难看出,过去逛商场、遛超市的单一消费场景,已然演变成为眼下流行的逛京东、淘宝、抖音等多元化、多场景模式。同时,在人们购物习惯发生改变的同时,有限的流量也在被各家分食。品牌方若想获得新的增量,就要时刻关注消费者的动向,消费者在哪里,品牌的触角就应该伸向哪里。

当前,电商业态正在发生深刻改变,平台电商快速向社交电商、兴趣电商转移，拼多多、快手等渠道成为新商流业态。商流变革呈高度碎片化、去中心化的趋势，传统新零售、互联网平台零售、社交网络平台三种"商流"模式并存，新商流时代迎来了物流行业的全新变革。在此趋势下，实现全渠道联通是大势所趋，更是发展的必经之路。

3. B/C 一体化

平台的职能应该是赋能，赋能的核心要义则是品牌方在平台上经营客户资源，让货物可以随时拿走，这也就意味着物流供应链可以由品牌方掌握在手里。未来，在愈发优化的环境下，供应链服务方更需要和品牌方交流，整合原来在线上的菜鸟库存、京东库存、代理商库存等品牌方，最终形成线上线下联动。

随着传统渠道的 B 端商业和 C 端商业的融合，"BC"一体化将是未来的一个大趋势，将用产品和服务全面提高客户效率，并基于效率驱动，为 B 端和 C 端最大化创造价值。对于 B 端客户，通过全方位线上线下联动解决方案，帮助客户创造价值；对于 C 端客户，通过创新小件电商与社区团购服务模式带来极致体验，助力品牌"BC"一体化运营。

4. 低碳

"双碳"并不是企业快速成长的绊脚石，相反是其业务高质量发展的助推器。企业应积极响应国家号召，履行属于自己的"绿色"使命。为了实现"双碳"目标，企业要不断通过科技手段，加持自身运营，将绿色价值延伸到供应链，为其在未来赢得市场尊重和客户信赖打下坚实基础。从本质上来说，基于低库存和降低周转次数的运营模式，是绿色供应链非常具象的一个体现。此外，还要努力成为中国最值得信赖的供应商合作伙伴，并通过系统性方案，持续推进绿色供应链，助力企业绿色转型。

| 后 记 |

信息流加速100倍之后的组织重构和供应链重构

作为短视频用户"刷"得最多的广告内容,信息流一直以来都具备天然的流量曝光优势与品牌建设价值,被视作品牌广告的"宠儿"。随着互联网的快速发展,信息流广告投放已经成为企业营销的重要手段。然而,如何在竞争激烈的市场中,提高广告投放的精准度和转化率,成为企业关注的焦点。

信息流优化在当今的广告投放中具有至关重要的作用。随着互联网技术的不断发展和社交媒体的广泛使用,信息流广告已成为许多企业和广告主的首选。然而,信息流加速100倍之后,如何进行组织重构和供应链重构,就需要借助信息流优化的力量。

1. 制造业物联网技术,生产过程导出精细化参数

利用物联网(Internet of Things,IOT)技术,将传感器和设备与互联网连接,实时监控和收集供应链关键环节的数据。例如,使用传感器跟踪货物运输过程、监测库存水平和设备运行状况,以提高供应链的可视性和反应能力。

(1)传感器和设备部署,导出参数需求数据。在关键环节和节点上部

署传感器和设备，以收集与供应链相关的数据。例如，可以使用温度传感器、湿度传感器、GPS定位装置等来监测货物的运输状况、仓库的温湿度、车辆的位置等。

（2）数据连接和通信。打通企业和供应商参数系统，实现在一个数据系统里工作，这其中要确保传感器和设备能够与互联网连接，并能够进行数据的传输和通信。可以使用无线网络（如Wi-Fi、蜂窝网络）、低功耗广域网（LPWAN）或物联网协议（如MQTT、COAP）等进行数据传输。

（3）数据收集和处理。共享数据，让供应商理解我方企业的产品变革方向：建立数据平台和中心，对从传感器和设备收集的数据进行集中存储和处理。这可以通过云计算技术实现，将数据上传到云端进行存储和分析，或者在本地建立边缘计算设备进行数据处理。

（4）实时监控和追踪。运用人工智能技术，实现对异常数据的提前预警：利用物联网技术实现对供应链各个环节的实时监控和追踪。通过传感器和设备收集到的数据，可以实时监测货物的位置、温度、湿度等信息，以及车辆的运行状态和仓库的库存情况。

（5）数据分析和应用。利用物联网数据进行大数据分析，提取有价值的信息。通过数据分析，可以实现供应链的优化和改进，如优化预测和需求计划、优化库存管理、提高物流效率等。

（6）自动化和智能化控制。结合物联网技术和自动化设备，实现供应链的自动化和智能化控制。例如，利用传感器数据实现自动化的货物跟踪和配送、自动化的库存管理和补货、自动化的生产调度等。

（7）数据安全和隐私保护。数字化组织，数据和流程就是核心资产，需要进行安全防护，员工有保护信息资产的责任，中台系统也需要在协议链上进行信息同步保密工作。确保传感器和设备的网络连接和通信的安全性，采取必要的安全措施保护数据的机密性和完整性。

2. 应用大数据分析

供应链作为高质量大数据生产者和精准数据生产者，不再是单纯的采购谈判人员，而是过程数据获得的新角色：利用大数据分析技术，对供应链数据进行挖掘和分析，发现潜在的问题和机会。通过数据分析，可以优化预测和需求计划、优化库存管理、提高生产效率，并为决策提供准确的数据支持。

（1）确定分析目标。为整个企业降本增效和创新价值提供路标，明确希望通过大数据分析实现的目标。这可能包括优化供应链效率、减少库存成本、改进需求预测等。在这个过程中要确保目标明确，并与整体供应链战略和业务需求相一致。

（2）收集和整理数据。收集涉及供应链各个环节的数据，如采购、生产、物流、销售等数据。这些数据可以来自 ERP 系统、物联网传感器、仓储管理系统、销售记录等。要确保数据的准确性和完整性，并整理成适合分析的格式。

（3）数据存储和处理。将数据存储在适当的数据平台中，如数据仓库、数据湖或云计算平台。对于大规模数据，可以使用大数据技术（如 Hadoop、Spark）进行存储和处理。在这一环节需确保数据平台具备高可扩展性和高性能，能够处理大量的数据。

（4）数据清洗和预处理。对数据进行清洗和预处理，以去除异常值、填补缺失值、解决数据不一致等问题。这有助于提高数据质量和准确性，为后续分析提供可靠的基础。

（5）选择合适的分析方法。根据分析目标和问题，选择适当的大数据分析方法。这可能包括描述性分析、预测性分析、关联分析、聚类分析等。企业可以根据具体情况，选择合适的算法和模型进行分析。

（6）进行数据挖掘和建模。应用数据挖掘技术和机器学习算法，对供应链数据进行挖掘和建模。通过发现潜在的模式、趋势和关联，提取有价值的信息和洞察。这可以帮助企业了解供应链中的瓶颈、风险和机会。

（7）引入云计算和平台。一个企业一个云平台，这是企业在数字时代的核心资产，软系统比硬系统更值钱，更具价值生成性。考虑采用云计算和供应链管理平台，以实现信息共享、协同合作和业务扩展。云计算可以提供灵活的存储和计算资源，而供应链管理平台可以整合供应商、分销商和客户，实现供应链伙伴之间的协同和交流。

（8）分析结果可视化和解释，实现人人可见，进行工作导航。将分析结果以可视化的方式展示出来，如图表、仪表板或报告。这有助于相关人员理解分析结果，发现关键见解，并支持决策制定过程。同时，确保结果的解释和沟通能够被相关利益相关者理解和接受。大数据分析是一个持续改进的过程。根据分析结果，识别供应链的改进机会，并采取相应的行动。不断评估分析的有效性和成果，进行反馈和调整，以实现持续的供应链优化。

（9）持续改进和优化。优化数据、优化系统、优化企业，数字化供应链是一个持续改进的过程。定期评估供应链的表现并收集反馈，进行改进和优化。利用技术创新和新兴趋势，不断提高数字化供应链的能力和效益。